면접
2주전

면접 2주 전

초판 1쇄 발행 2018년 9월 13일

지은이 김장수 서영우
펴낸곳 글라이더 **펴낸이** 박정화
등록 2012년 3월 28일(제2012-000066호)
주소 경기도 고양시 덕양구 화중로 130번길 14(아성프라자 601호)
전화 070)4685-5799 **팩스** 0303)0949-5799 **전자우편** gliderbooks@hanmail.net
블로그 http://gliderbook.blog.me/
ISBN 979-11-86510-69-8 03320

책값은 뒤표지에 있습니다.
잘못된 책은 바꾸어 드립니다.

이 도서의 국립중앙도서관 출판예정도서목록(CIP)은 서지정보유통지원시스템
홈페이지(http://seoji.nl.go.kr)와 국가자료공동목록시스템(http://www.nl.go.kr/
kolisnet)에서 이용하실 수 있습니다.(CIP제어번호: CIP2018028141)

면접
2주전

김장수 | 서영우

글라이더

면접 보고 이불킥 하지 말자

많은 취업 준비생들이 면접 준비를 막막해합니다. 예상 질문 리스트를 뽑아 놓고 답변 내용을 정리하고 또 정리하지만, 준비한 답변이 면접관의 마음에 들지 예상할 길이 없습니다. 먼저 취업에 성공한 친구들과 선배들에게 의견을 구해 보지만, 어찌된 일인지 다들 해 주는 말이 조금씩 다릅니다. 준비를 너무 많이 하면 로봇같이 답변을 하게 돼서 떨어지니, 준비 없이 가라고 말하는 사람도 있습니다. 도대체 어떻게 준비해야 할까요?

첫째, 진실과 진심을 말해야 합니다. 면접관을 속이려 해서는 안 됩니다. 속일 수가 없기 때문입니다. 면접관들은 대개 연륜이 있고 면접 경험이 풍부하며, 또 지원자를 파악하고자 작정하고 매의 눈으로 지켜보기 때문입니다. 예상 질문에 대한 답을 칼같이 외워서 완벽하게 거짓말을 하면 모르지 않을까 하는 지원자도 있을 겁니다. 네, 모르긴 할 겁니다. 그런데 거짓말 여부만 모르는 것이 아니라, 면접자에 대해서도 아무것도 알 수가 없어서 떨어뜨릴 수밖에 없을 것입니다.

둘째, 강점은 적극적으로 어필하고 약점은 최대한 숨겨야 합니다. 첫째로 언급한 진실을 이야기해야 한다는 것과는 다른 차원입니다. 예를 들어보겠습니다. 노트북의 홍보 카탈로그를 보면 해당 노트북의 주요 스펙과 함께 특장점이 명확히 표기되어서 소비자의 눈길을 사로잡습니다. 경쟁사의 노트북에 비해 상대적으로 어떤 부분이 부족한지는 굳이 설명하지 않더라도 아무도 그것에 대해 이상하게 생각하지 않습니다. 홍보 카탈로그의 목적이 제품의 우수한 점을 알려서 소비자의 구매를 유도하는 것에 있음을 모두가 알기 때문입니다. 면접도 지원자 본인의 강점을 알려서 면접관이 본인을 채용하도록 해야 하는 자리이기에 굳이 '안 해도 될 말'은 하지 않아도 됩니다.

셋째, 면접관이 질문한 의도에 맞는 답변을 해야 합니다. 면접관이 질문을 통해 확인하고자 하는 바는 사실 몇 가지가 되지 않습니다. 회사에 적합한 가치관과 태도를 보유하고 있는지, 직무 수행 역량을 갖추고 있는지 정도입니다. 하지만 이 몇 가지 안 되는 것을 확인하기 위해 다양한 형태의 질문을 하게 되는데요. 이 과정에서 지원자는 혼돈이 생깁니다. 질문의 의도에 집중하고 답해야 되는데 형태에 집착하여 질문에 곧이곧대로 답하는 것이지요. 당연히 면접관 입장에선 오답을 말한 것이 되기 때문에 좋은 답변이 되지 못합니다.

진실과 진심을 말하고, 본인의 강점을 어필하며 약점은 숨기고, 면접관의 질문 의도에 집중하는 것. 어찌 보면 너무 당연한 이야기이고 쉬울 것 같은데, 지원자들에겐 그렇지 않습니다. 회사 생활을 해보지 않았기 때문에 면접관 입장에서 지원자를 바라보는 역지사지가 쉽지 않기 때문입니다. 당연한 이유로 잘못된 답변을 하는 것입니다. 그래서 저희 필자들은 면접장에서 자주 묻는 면접 질문에 대한 대표적인 잘못된 답변들을 모아 보았습니다. 그리고 이 답변의 무엇이 문제이며 어떻게 수정하는 것이 좋은지, 더불어 추천하는 답변 내용도 함께 기재했습니다. 그렇다고 추천 답변을 외워서 활용하지는 마십시오. 추천 답변은 어디까지나 참고용이며 결코 정답은 아닙니다. 면접관마다 생각이 다르기 때문에 모든 면접관에게 통용되는 정답은 있을 수 없습니다. 다만 일반적으로 면접관들이 마음에 들어 할 만한 답변입니다. 이 답변을 참고해 지원자 본인의 언어로 지원자의 경험을 이야기한다면 면접관이 듣고자 했던 정답을 말할 수 있을 것입니다.

이 책에서는 네 명의 가상 인물을 통해 면접 상황을 그렸습니다. 네 명의 인물은 각각 대표적인 취업 준비생 유형입니다. 이들 인물의 면접 상황을 통해 본인은 같은 질문에 어떻게 대답할지 상상하며 읽기 바랍니다. 아무쪼록 반전의 '면접 2주 전' 실전 연습으로 이 책의 독자는 실수 없이 면접을 치러 밤에 이불킥 하는 일이 없길 바랍니다.

2018년 9월

김장수, 서영우

차례

PART 2_유동지 편

PART 4 _ 나활발 편

등장인물

◎ **나잘남** : 전공 공부만 해 온 문과생.
  인적 자원 관리(HR) 직무 지원자

◎ **유동지** : 학점 엉망, 영어 엉망, 대외 활동 無!
  전자공학과 엔지니어 지원자

◎ **다이룸** : 부족함이 없는 완벽한 스펙!
  전략기획팀 경력 보유한 상사 직무 지원자

◎ **나활발** : 학교 공부는 뒷전이지만 바쁘게 살았다.
  영업 직무 지원자

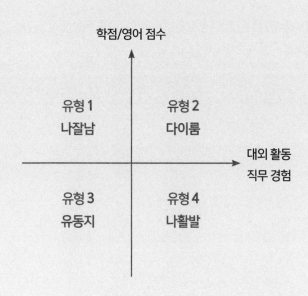

PART 1_
나잘남 편

나잘남 편

　오랜만에 정장을 입고 길을 나선다. 스무 번이 넘는 서류 지원 끝에 처음 얻은 면접 기회다. 이렇게까지 서류 합격이 어려울 것이라고는 전혀 생각하지 못했다. 서울 소재의 나름대로 다들 알 만한 학교를 졸업했고, 4점이 넘는 학점에 토익 점수도 900점이 넘는다. 이 정도 스펙이면 서류 합격은 문제없을 거라고 선배들이 말했다. 그렇지만 실제로는 '능력 있는 귀하를 제한된 채용 인원으로 인해 모시지 못해 죄송하다'는 탈락 문자만 계속 받았다. 그러다가 운이 좋았는지 드디어 처음으로 서류 합격 연락을 받았다.

　자주 오지 않는 기회라는 것을 잘 알고 있다. 만약 이번 면접에서 합격하지 못한다면 언제 다시 면접을 볼 수 있을지 모른다. 반드시 붙어야 한다. 면접관은 지원자의 직무 역량보다 태도를 더 중요하게 본다는 이야기를 들었다. 태도라면 자신 있다. 학점과 토익 점수를 보면 누구도 내가 성실하지 않다는 생각을 하지 못할 것이다. 그렇지만 걱정되는 것은 인사팀에 지원하지만 인사와 관련된 경험을 해본 일이 없다는 것이다. 직무 경험만 없는 것이 아니다. 동아리 활동도 해본 적이 없고, 비행기를 탄 경험은 제주도에 갈 때뿐이었다. 핑계를 대자면 틈틈이 알바를 하면서 학점 관리와 높은 토익 점수를 얻는 것만으로도 바빴다. 요즘 세상에 4점이 쉬엄쉬엄해서 받을 수 있는 학점이 아니란 것을 면접관이 알아주었으면 좋겠다.

　면접장이 있는 회사 사옥에 도착했다. 전면의 유리벽에 햇빛에 반사되어 눈이 부시다. 회전문을 통해 오가는 직원들의 바쁘면서도 당당한 걸음걸이를 보니 합격 의지가 더욱 솟는다. 누구 못지않게 열심히 살아 왔으므로 면접관들은 나의 성실함을 알아줄 것이다. 반드시 붙겠다!

면접의 판을 짜는
1분의 시간

#1분자기소개 #오버금지 #판을짜자

면접관: 자기소개 해 보시겠습니까?

나잘남: 안녕하십니까. 인사 직무에 지원한 지원자 나잘남입니다. 저의 강점은 성실함과 인사(HR) 지식입니다. 대학교 재학 시절 누구보다 성실하게 학업에 임하여 높은 성적으로 학교를 졸업할 수 있었습니다. 시험 기간에 남들이 1회독하기에도 바쁠 때 저는 7회독은 기본이었고 결국 과 수석에 가까운 성적을 얻을 수 있었습니다. 특히 HR과 관련된 전공 과목인 인사조직론, 조직행위론 등도 우수한 성적으로 이수하여 향후 실무를 위한 탄탄한 기본 지식까지 쌓았다고 생각합니다. 꾸준함을 이길 수 있는 재능은 없다고 생각합니다. JM화학 인사팀에서도 저의 성실함으로 주어진 업무를 가장 깊고 정확하게 이해하는 인재가 되겠습니다.

속마음이 궁금해요!

나잘남: 준비한 대로 말했다. 학점 높고, 성실하고, HR 지식이 있음을 모두 어필했다. 이 정도면 되지 않았나?

면접관: 개인적으로 학점을 중요하게 본다. 학점이 좋은 지원자는 성실할 가능성이 높기 때문이다. 나잘남 씨의 높은 학점은 긍정적으로 평가할 수 있다. 그렇지만 학점 말고 어떤 강점이 있는지 잘 모르겠다. 학점은 굳이 얘기하지 않더라도 이력서만 보면 알 수 있기 때문에 다른 강점을 얘기했더라면 더 좋았을 것이다.

이렇게 답해요!

안녕하십니까. 인사 직무에 지원한 나잘남입니다. 저는 HR 전문가가 되기 위해 HR 지식을 꾸준히 쌓아 왔습니다. 대학교에서는 인사조직론, 조직행위론 등 관련 전공 위주로 공부했습니다. 특히 인사조직론을 수강하며 "직급 제도와 성과와의 관계"에 관심을 갖게 되었고, JM화학의 성과 중심 진급 시스템을 분석하여 발표한 바가 있습니다. 그 후부터는 HR 관련 이슈를 접할 때마다 JM화학의 사례와 비교하며 JM화학 HR의 강점을 점점 더 많이 알게 되었고, 이제는 JM화학의 HR을 만들어가는 일원이 되어, JM화학이 가진 인재 제일의 철학을 실천하는 인사 담당자가 되고자 합니다. 감사합니다.

기억하세요!

자기소개를 통해 면접관은 지원자의 정보를 처음 접하게 됩니다. 그리고 이 자기소개의 내용에 따라 후속 질문의 방향이 결정되므로, 자신에게 유리한 판을 짜는 기회로 활용해야 하죠. 만약 JM화학의 인사 제도에 대해 이미 잘 알고 있다는 식의 자기소개를 하게 되면 면접관은 당사의 인사 제도를 어떻게 알고 있는지 물을 수밖에 없습니다. 이처럼 관련 경험이 부족하다면 제한된 경험으로도 답변할 수 있도록 준비된 판으로 면접을 유도해야 합니다.

지원 동기
=회사 지원 동기+직무 지원 동기

#지원 동기 #회사지원 동기 #직무지원 동기

면접관: 자기소개 잘 들었어요. 그런데 우리 회사에는 왜 지원하신 거죠?

나잘남: JM화학은 우리나라 국민이라면 모두가 아는 국내 대표 화학 기업입니다. 작년에는 매출 5조 원을 돌파하였고, 어려운 상황에서도 석유 화학 기업 중에선 드물게 단 한번도 적자를 내지 않았을 만큼 저력이 있는 기업입니다. 이 같은 저력은 바로 JM화학의 핵심 가치인 도전 정신에서 나온다고 생각합니다. 이 도전 정신이 바로 저의 가치관과 부합한다고 생각하였고, 저의 도전 정신을 발휘할 수 있는 최고의 무대가 바로 JM화학이라 판단하여 지원하게 되었습니다.

속마음이 궁금해요!

나잘남: 지원 동기는 당연히 돈 벌려고 하는 거지. 도대체 이런 질문

은 왜 하는 건지… 그렇게 얘기할 순 없으니깐, JM화학이 얼마나 좋은 회사인지 칭찬 좀 하고 나의 가치관과 잘 맞는다고 얘기해야겠다.

면접관: 우리 회사가 어떤 회사인지는 지원자보다 면접관인 내가 훨씬 더 잘 아는데 왜 굳이 내게 설명하려는지 모르겠군. 그것보다는 왜 HR을 하고 싶어 하는지, 그리고 왜 하필 우리 회사에서 HR을 하려는 것인지 궁금해서 물어본 건데, 엉뚱한 말을 하네.

이렇게 답해요!

월간 HR 잡지에서 JM화학의 진급 제도에 대한 내용을 읽은 적이 있습니다. 고 성과자에게는 일반적인 승진 트랙이 아닌, 패스트 트랙을 적용하여 직원들의 동기부여를 강화하고, 성과 중심의 인사 관리를 하는 모습이 인상 깊었습니다. JM화학이 국내 최고의 화학 기업으로 발돋움한 저변에는 바로 이러한 HR 제도가 뒷받침되었기 때문이라 생각합니다. 이론으로만 배웠던 성과 중심 HR을 실무적으로 가장 잘 적용하고 있는 JM화학을 보며, JM화학의 HR 담당자가 되겠다는 목표를 갖게 되었습니다. 실무를 수행할 충분한 이론적인 준비는 마쳤다고 생각합니다. 이제 JM화학의 업무 현장에서 부딪치며 HR 전문가로 성장하겠습니다.

기억하세요!

지원자의 주된 지원 동기가 돈을 벌기 위함이라는 것은 면접관도 잘 알고 있으나 지원 동기를 묻는 것은 크게 두 가지 이유입니다. 첫 번째는 직무에 대한 지원 동기이며, 두 번째는 회사에 대한 지원 동기입니다. 특정 직무를 왜 하고 싶으며 얼마나 준비가 되어 있는지, 그리고 그 직무를 왜 하필 우리 회사에서 하겠다는 것인지를 듣겠다는 것입니다.

지원 동기를 말할 때 지원자들이 가장 많이 하는 실수가 지원한 회사의 칭찬만 하는 것입니다. '당신네 회사가 좋은 회사이기 때문에 내가 지원한다'는 식입니다. 그런데 그 회사가 어떤 회사인지는 면접관이 훨씬 더 잘 알기 때문에 결국 아무런 정보도 주지 못하는 지원 동기가 되고 맙니다. 바로 나잘남 씨가 한 실수입니다.

또 다른 실수로는 반대로 직무 지원 동기만 나열하는 것입니다. HR 관련하여 본인이 많은 경험들을 하였고 준비가 잘 되어 있기 때문에 HR 직무에 지원한다고 말한다면 인사팀 지원 동기는 될지 몰라도 회사 지원 동기는 되기 어렵습니다. 바람직한 지원 동기는 회사 지원 동기와 직무 지원 동기가 적절히 배합된 지원 동기입니다.

식상한 입사 후 포부는 이제 그만

#입사후포부 #1년3년5년 #식상 #현직자가최고

면접 2주 전

면접관: 우리 인사(HR)팀에 입사하게 되면 앞으로 어떻게 성장할 것인지 포부를 한번 말씀해 주시죠.

나잘남: 3년 후, 5년 후, 10년 후로 나누어 말씀드리겠습니다. 우선 3년 차까지는 신입사원으로서 실무를 배우는 것에만 집중하겠습니다. 모르는 것은 선배님들께 물으며, 어느 누구보다 빠르게 현업에 녹아들겠습니다. 5년 후 대리가 되면 HRD 업무에도 도전해 보고 싶습니다. HR 전문가가 되기 위해선 HRM뿐만 아니라 HRD에 대한 이해도 갖춰야 된다고 생각합니다. 10년 후에는 JM화학의 인사 관리자로서 JM화학의 모든 인사 제도를 이해하고 새로운 제도를 기획하고 시행할 수 있는 전문가가 되겠습니다.

속마음이 궁금해요!

나잘남: 3년, 5년, 10년 단위로 나눠서 명확하게 목표를 말했다. 다른 회사 인사팀에 있는 선배에게 물어봐서 5년 후와 10년 후엔 대개 어떤 일을 하는지 파악하였기 때문에 잘못된 내용을 말하지는 않았을 것이다.

면접관: 지원자 열 명이면 아홉 명은 나잘남 씨처럼 연차로 구분한 인사 포부를 말하기 때문에 식상하다. 게다가 우리 회사는 진급 연수가 짧기 때문에 5년 후에 대리가 되는 건 너무 늦은 진급인데 진급 연수도 알아보지 않았나 보다.

이렇게 답해요!

저는 JM화학에서 채용, 평가, 인력 운영 등 HRM과 HRD, 노사 업무까지 모두 경험하고 섭렵한 HR 전문가가 되고 싶습니다. HR 업무를 모두 경험해 보아야만, 나중에 조직의 거시적 관점에서 HR의 의사 결정을 할 수 있다고 생각하기 때문입니다. 그러기 위해서 맡게 되는 업무를 짧은 시간 내에 익히고 성과를 창출하여 또 다른 업무를 맡을 수 있는 기회를 빠르게 얻어내겠습니다. 인사팀 신입사원은 채용 또는 급여 업무를 맡는 경우가 많은 것으로 알고 있습니다. 무슨 일을 먼저 시작하든 그 업무에선 JM화학 최고 전문가가 되는 것으로 제 커리어를 시작하겠습니다.

기억하세요!

3년, 5년, 10년 후, 이런 식의 목표를 많이 세우지만, 기업만의 직급 제도와 각 직급에서 맡게 되는 일을 정확히 알지 못한다면 잘못된 답변을 할 가능성이 있습니다. 또한 많은 지원자가 답하는 방식이기 때문에 면접관에게 자칫 식상한 답변으로 인식될 수도 있습니다. 그보다는 지원하는 직무를 어떻게 잘할 것인지, 회사에 어떻게 기여할 것인지에 대한 장기적인 계획을 밝히는 것이 더 좋습니다. 가장 좋은 방법은 지원한 기업의 현직자를 만나서 준비한 입사 후 포부를 점검받아 보는 것입니다. 현직자만큼 입사 후 포부가 조직 문화에 비추어 얼마나 실현 가능하며 적절한지 잘 점검해 줄 수 있는 사람은 없을 테니까요.

역량을 내세우려면
명확한 근거를 제시하자

#뭘보고믿나 #주장은주장일뿐 #근거필요

면접관: 이 정도 학점을 받으려면 공부를 꽤 열심히 해야 했을 것 같은데, 친구들과 어울릴 시간은 있었나요?

나잘남: 학업에 치중하긴 했지만, 공강 시간엔 학과 친구들과 축구 나 농구 등 운동을 같이하기도 했고, 방학 때는 친구들과 함께 여행 을 다니기도 했습니다. 돌이켜 봐도 후회되지 않을 만큼 좋은 친구 들을 많이 만난 학창 시절이었다고 생각합니다.

속마음이 궁금해요!

나잘남: 말로만 듣던 압박 질문인가. 당황하지 말고, 친구가 많다 는 것을 어필하자.

면접관: 학점이 높은 사람들 중에는 대인 관계를 소홀히하거나, 조

직 활동을 선호하지 않는 경우가 있으므로, 이 지원자가 그런 경우에 해당되지 않는지 확인하기 위한 질문이었다. 그런데 나잘남 씨의 이번 답변만으로는 대인 관계 능력이 좋다는 것을 믿기 어렵다.

이렇게 답해요!

HR에서 일하기 위해선 대인 관계 역량이 매우 중요하다고 생각합니다. 제가 좋은 학점을 얻을 수 있었던 이유도 바로 저의 대인 관계 역량 덕분이라 생각합니다. 경영학과 특성상 조별 프로젝트가 많습니다. 이런 프로젝트를 수행할 때 거의 조장의 역할을 자처하였고, 성과를 내기 위해 조원들과 원활한 커뮤니케이션을 주도했습니다. 그래서 지금도 같이 조 모임을 했던 학과 선후배들과 계속 친밀한 관계를 유지하고 있으며, 함께 HR 스터디를 하는 등 취업 준비도 같이해 오고 있습니다.

기억하세요!

다른 사람과 소통하고 친밀한 관계를 유지할 수 있는 역량은 어느 직무든지 필수적으로 요구됩니다. 면접관이 궁금해하는 것은 바로 이 대인 관계 능력이었습니다. 대인 관계 능력을 물어보는 질문의 형태는 여러 가지가 있을 수 있습니다. 가령, 대화를 통해 갈등을 극복한 경험을 물어본다든지, 갈등 상황에서 주로 어떤 입장을 취하는지를 물어본다든지, 또는 다른 사람에게 먼저 다가가서 인사를 하는 편인지를 물어보는 것 등이 모두 대인 관계 능력을 묻는 질문입니다. 단순히 친구가 많다는 주장보다는 구체적 사례와 근거까지 함께 제시해야 면접관의 궁금증을 해소해줄 수 있을 것입니다.

기업은 신입사원에게 높은 수준의 도덕성을 요구한다

#매우단골질문 #별표백개 #신뢰를주자

면접관: 상사가 부당한 지시를 했을 경우 어떻게 대처하겠습니까?

나잘남: 상사의 지시가 부당하다고 느끼는 것이 단지 저의 주관적인 기준에서인지, 아니면 도덕적으로 큰 결함이 있거나 위법한 경우인지를 먼저 판단하겠습니다. 만약 상사의 지시가 도덕적으로 또는 법적으로 문제가 있는 경우에는 상사에게 업무 지시를 철회해 줄 것을 정중히 건의드리겠습니다.

면접관: 그렇게 건의를 했는데도 상사가 그대로 하자고 하면 어떻게 할 건가요?

나잘남: 그럼에도 상사가 그대로 하자고 말할 때는 그럴 만한 이유가 있을 것이라고 생각하여 그때는 상사의 의견에 따르도록 하겠습니다. 저보다 오래 회사 생활을 하셨고 제가 알지 못하는 정보도 알

고 계실 것이므로, 합리적인 판단을 하셨으리라 믿도록 하겠습니다.

속마음이 궁금해요!

나잘남: 이 질문의 대응 방법은 알고 있었는데, 후속 질문까진 대비하지 못했다. 그렇지만 나쁘지 않게 답변을 한 것 같다.

면접관: 지원자는 결국은 상사가 시키는 것은 무엇이든 하겠다는 답변을 하였다. 상사의 모든 업무 지시가 항상 옳은 것은 아니며, 더구나 위법한 업무 지시의 경우는 거부할 수 있는 당당한 신입사원이었으면 좋았을 텐데….

이렇게 답해요!

단기적으로는 손해를 보더라도 멀리 볼 땐 원칙을 지키는 것이 이익이 될 것이라 믿기 때문에 상사를 끝까지 설득해 보겠습니다. 그것이 상사와 조직을 위해서도 옳다고 생각합니다.

기억하세요!

상사의 부당한 지시를 어쩔 수 없이 따르는 것은 좋게 보이기보다는 무모해 보입니다. 여기서 확인하고자 하는 부분은 상사의 지시에 잘 따르는지가 아니라 법이나 사내 정책에 위배되는 지시를 따를 것인지입니다. 무조건적인 'Yes'가 정답이 아니라 상사가 올바른 지시를 할 수 있도록 설득하는 것이 답변의 포인트입니다.

기업은 대개 신입사원에게 높은 수준의 도덕성을 요구합니다. 업무를 하다 보면 원칙보다는 융통성을 발휘해야 할 경우가 생기기도 합니다. 하지만 처음 일을 배워 나가는 신입사원 때는 원칙부터 지키는 모습을 보여 주는 것이 좋습니다. 신입사원이 되기 위한 면접 단계에서도 마찬가지입니다.

예민한 질문은 균형 있는 답변이 필요하다

#노동조합 #민감질문 #답변조심

면접관: 우리 회사에 노조가 있다는 것은 알고 있죠? 노조에 대해서 어떻게 생각합니까?

나잘남: 저는 노조에 대해서는 부정적인 의견을 갖고 있습니다. 무노조 경영으로도 세계적으로 성공한 기업들이 많이 있는 것으로 알고 있습니다. 좋은 회사를 만들기 위해 모든 직원들이 합심하여 노력하는 회사가 노조가 있는 회사보다 더 효율적일 수밖에 없다고 생각합니다.

속마음이 궁금해요!

나잘남: 노조에 대한 질문은 당연히 사측의 입장에서 답변을 해

야겠지!

면접관: 나잘남 씨의 의견도 틀린 것은 아니라고 생각하지만, 그래도 이제 막 대학교를 졸업하는 청년인 만큼 조금 더 균형 있는 시각을 가지고 있다면 더 좋겠군. 더군다나 우리 회사는 노조가 있는 회사이기 때문에 업무를 하며 만나게 될 많은 동료들이 노조원일 텐데 너무 부정적인 시각으로만 바라본다면 곤란하지.

이렇게 답해요!

노동조합이 근로자들의 권익 증진에 꼭 필요하다는 것에는 동의하지만, 노조원도 회사의 직원이기 때문에 회사의 성장을 함께 고민해야 한다고 생각합니다. 노동조합과 회사가 함께 회사의 성장을 고민하는 노사 문화를 만들어 가는 것도 HR의 중요한 역할이라 생각합니다. JM화학의 인사 담당자로서 현장에서 직원들의 의견을 많이 들으면서 노사 상생의 조직 문화를 만들기 위한 방안을 늘 고민하겠습니다.

기억하세요!

일반적으로 면접관들은 노동조합에 가입되어 있지 않기 때문에 기본적으로는 회사의 입장에서 노동조합에 대한 의견을 밝히는 것이 좋습니다. 회사의 입장에 대해선 회사마다 노동조합과의 관계가 조금씩 다르므로 미리 확인하는 것이 좋습니다. 어떤 회사는 노동조합과 관계가 좋지 않아서 노동쟁의가 끊임없는가 하면 또 어떤 회사는 노동조합이 경영에 부분적으로 참여할 정도로 서로 관계가 좋은 경우도 있습니다.

단, 너무 노동조합의 부정적인 면만 말하는 것은 신입사원답지 않으므로 주의해야 합니다. 노동조합의 긍정적 역할에 대해서 인정은 하되 노동조합도 회사의 성장을 함께 고민해야 한다는 수준에서 답변을 하는 것이 좋겠습니다. 또 나잘남 씨의 경우 HR 지원자이기 때문에 단순한 직원 입장에서가 아닌 HR 담당자로서의 견해를 밝힐 필요도 있습니다.

면접관은 지원자의 사생활까지 궁금해하지 않는다

#사생활 #면접관노관심 #고난극복

면접관: 살면서 가장 힘들었던 순간은 언제인가요?

나잘남: 중학교 2학년 때 아버지의 사업이 망하여 온 집안에 압류 딱지가 붙었던 적이 있습니다. 영화에서나 보던 일이 실제 눈앞에 벌어지니 어린 마음에 너무 무서웠던 기억이 있습니다. 지금 돌이켜 보면 가장 힘든 순간이었지만, 이를 악물고 열심히 공부를 하

게 된 계기가 되었던 것 같고 결과적으로 목표로 했던 대학에도 진학할 수 있었습니다.

속마음이 궁금해요!

나잘남: 면접은 정직하게 봐야 하니까, 꺼내기 싫은 얘기지만 중학교 2학년 때 이야기를 하지 않을 수 없다. 실제로 그때가 내 인생에서 가장 힘들었을 때니깐. 그리고 이 정도의 역경까지 겪어 보았다고 말하면 나를 좀 더 강하게 보진 않을까 기대해 본다.

면접관: 아버지 사업이 망한 경험에서 이 지원자가 얻은 것이 대학에 잘 간 것이라고 하는데, 그것이 우리 회사랑은 무슨 상관이지?

이렇게 답해요!

대학에 입학한 후 첫 학기가 제 인생에서 가장 힘든 시간이었습니다. 당시 가정 형편이 넉넉하지 못하여 대학 등록금을 모두 제가 벌어야 하는 상황이었습니다. 하지만 돈이 없고 시간이 없어서 공부를 할 수 없다는 핑계는 제 스스로 용납되지 않았기 때문에 시간을 쪼개고 잠을 줄여서 알바 시간과 공부 시간을 모두 확보했습니다. 결과적으로 등록금 마련과 좋은 성적이라는 두 마리 토끼를 모두 잡으면서 뭐든 할 수 있다는 자신감을 얻었습니다. 한 번 자신감을 얻고 난 다음 학기부터는 첫 학기 때의 습관이 몸에 배어 공부와 일 모두 쉽게 할 수 있었습니다. 이때의 경험 덕분에 마음만 먹으면 무슨 일이든 할 수 있다는 자신감과, 시간과 체력을 배분하여 일정을 관리하는 방법을 배우게 되었습니다.

기억하세요!

면접관이 묻는 '인생에서 가장 힘들었던 일'이란 '고난 극복 과정을 통해 자신의 역량을 드러낼 수 있는 경험 중에서 가장 힘들었던 일'을 의미합니다. 가장 힘들었던 일이라고 하여서 너무 정직하게 집안이 망했던 이야기, 옛 연인과 헤어진 이야기까지 꺼낼 필요가 없다는 말입니다. 어떤 질문이든지 본인의 강점을 보일 수 있는 기회로 활용해야 합니다.

단점인 듯 단점 아닌
장점 같은 단점

#능구렁이전략 #장점은당당히

면접관: 성격의 장점과 단점을 말씀해 보세요.

나잘남: 저의 장점은 눈치가 빠르다는 점입니다. 군 생활을 할 때 이런 저의 장점이 더욱 돋보였습니다. 선임이나 상관이 지시하기도 전에 무엇을 원하는지 파악하여 미리 준비해 놓을 때가 많았기 때문

에 자주 칭찬을 들었습니다. 저의 단점은 감정 이입을 잘한다는 점입니다. 주변에 개인적인 고민으로 힘들어하는 친구가 있어서 얘기를 듣다 보면 제가 더 힘들어질 만큼 크게 감정 이입하는 편입니다. 업무를 할 때 있어서는 되도록 사적인 영역과 공적인 영역을 구분하여 공적인 영역에는 감정을 이입하지 않도록 주의하도록 하겠습니다.

속마음이 궁금해요!

나잘남: "지나치게 꼼꼼하다. 그래서 가끔 업무 진행 속도가 늦다. 일정 관리를 통해 우선순위를 명확히 하도록 하겠다." 이렇게 말하려고 했는데 친구가 이건 지나치게 흔한 답변이라고 말해 줘서 다른 단점을 생각해냈다. 친구에게 미리 듣지 않았다면 나도 저렇게 답변할 뻔했다. 이 정도면 그다지 큰 단점이 아니니깐 무난할 것 같다.

면접관: 눈치가 빠르다는 장점과 감정 이입을 잘한다는 단점이 공감 능력이라는 측면에서 일관성이 있군. 그런데 너무 감정적인 사람과 같이 일하는 건 좀 피곤할 것 같은데.

이렇게 답해요!

제 성격의 장점은 눈치가 빠르다는 점입니다. 군 생활을 할 때 이런 저의 장점이 더욱 돋보였습니다. 선임이나 상관이 지시하기도 전에 무엇을 원하는지 파악하여 미리 준비해 놓을 때가 많았기 때문에 자주 칭찬을 들었습니다. 저의 단점은 감정 이입을 잘한다는 점입니다. 업무 과정에서 동료 직원의 감정까지 공감하는 것은 자칫 업무의 효율을 떨어뜨릴 수도 있겠지만, 인사팀 담당자로서 직원들의 애로 사항을 살피는 것 또한 중요한 역할이라 생각하기 때문에 저의 공감 능력을 충분히 강점으로 활용할 수도 있다고 생각합니다.

기억하세요!

면접장에서 얘기하기 좋은 단점은 '단점이 될 수도 있으나, 적절히 활용만 한다면 직무 수행이 도움이 될 수도 있는 단점'입니다. 다시 말해 양날의 검처럼 단점이지만 강점이 될 수 있는 단점입니다. 그럼 강점이 될 수도 있는 단점이 어떻게 단점이냐고요? 맞습니다. 단점이 아닙니다. 단점을 물었다고 해서 진짜 단점을 말하는 우를 범하지 말길 바랍니다. 설마 면접장에서 '저는 욱하는 성격이 있습니다', '저는 덜렁대는 편입니다' 이런 얘기를 하는 지원자는 없겠죠? 또 다른 방법은 이미 면접관이 알고 있는 단점을 이야기하는 것입니다. 나잘남 씨의 경우 대외 활동 경험이 적다는 것은 이미 면접관도 이력서를 통해 알고 있는 단점입니다. 만약 성격의 단점이 아니라 그냥 단점을 물었다면 대외 활동이 부족했다는 것을 얘기하는 것도 좋았습니다. 물론 대외 활동이 부족한 대신 어디에 더 시간을 투자하여 어떤 강점이 있는지도 같이 이야기해야겠죠.

남 탓하지 말자

#남탓하지말고 #상황진단 #문제해결

면접관: 갈등을 해소하여 목표를 해결한 경험을 말씀해 보세요

나잘남: 전공 수업의 조 모임을 할 때 같은 팀에 참여할 의지가 별로 없는 팀원이 한 명 있었습니다. 그래서 다른 팀원들의 불만이 많았습니다. 심지어 그 팀원의 이름을 빼고 진행하자는 의견도 있었습니다. 하지만 저는 그 팀원을 직접 설득해 보기로 했습니다. 그리고 가볍게 할 수 있는 역할을 맡겨 참여를 이끌어냈고, 결과적으로 팀원 모두가 좋은 성적을 받은 경험이 있습니다.

속마음이 궁금해요!

나잘남: 갈등을 해소한 건 아니지만 질문에 대한 답은 될 것 같다.

면접관: 지원자의 답을 들으니 어떤 상황이었을지 뻔히 눈에 그려진다. 할 의지가 없는 학생이 한 명 있었고, 나잘남 씨가 대충 맞춰주며 프로젝트를 끝까지 마쳤나 보다. 나쁜 이야기는 아니지만 흥미로운 답변은 아니다.

이렇게 답해요!

전공 프로젝트를 하는 과정에서 있었던 갈등을 극복하고 좋은 성

과를 얻은 경험이 있습니다. 인사조직론 과목의 조별 프로젝트를 할 당시 한 팀원에 대한 무임승차 논란이 있었습니다. 하지만 저는 그 학생의 경우 성격이 내성적이어서 적극적으로 의견을 개진하지 못하고 있는 것일 뿐이라고 판단했습니다. 그래서 조별 회의를 할 때 의도적으로 그 학생에게 의견 제시 기회를 자주 주고 작은 역할 부여에서 시작하여 점점 큰 역할을 맡겼습니다. 그러자 그 팀원의 기여도가 높아지면서 다른 팀원들의 오해도 풀렸고, 모두가 같이 협업하여 마지막 조별 발표까지 성공적으로 마칠 수가 있었습니다.

기억하세요!

업무를 하다 보면 필연적으로 갈등 상황이 발생하게 됩니다. 대개의 갈등 상황은 특정 개인에게 문제가 있어서라기보다는 각자가 처한 상황과 이해관계가 다르기 때문일 때가 많습니다. 이럴 때 자신의 입장을 고수하며 상대를 비난만 해서는 문제가 해결되지 않습니다. 나잘남 씨의 대답은 갈등 상황의 원인을 특정 개인에게 돌리고 있다는 점에서 문제가 있습니다. 회사에서도 일이 풀리지 않을 때마다 누군가를 탓할 가능성이 있다고 면접관은 생각하게 될 것입니다. 문제 상황의 발생 원인을 개인에게 돌리기보다는 한 개인이 그런 행동을 할 수밖에 없는 근본 원인을 진단하고, 해결책을 제시하는 것이 더 바람직한 태도입니다.

기본을 지키는
신입사원의 모습을 보여 주자

#원칙준수 #도덕성 #신입사원의기본

면접관: 약간의 거짓으로 큰 이득을 볼 수 있는 상황에서도 원칙을 지키는 것이 중요하다고 생각하나요?

나잘남: 네. 저는 업무를 함에 있어 약간의 융통성은 필요하다고 생각합니다. 물론 융통성이 법에 저촉되거나 도덕적으로 심각한 결함이 있는 수준이라면 곤란하겠지만 선의의 거짓말로 당사의 수익에 기여할 수 있다면 약간의 융통성은 발휘하는 것이 좋다고 생각합니다.

속마음이 궁금해요!

나잘남: 군대에서 겪은 바로는 FM으로 일하는 사람만큼 답답한 사람이 없었다. 조금만 융통성을 발휘하면 득이 되는 경우가 많을 것이다.

면접관: 신입이 벌써부터 그런 생각을 가지면 위험한데⋯⋯.

이렇게 답해요!

아닙니다. 당장에는 약간 손해가 될지라도 원칙을 견지하는 것이 장기적으로 더 도움이 된다고 생각합니다. 카페에서 아르바이트 할 당시에도 현금 결제를 유도하고 매출로 기록하지 않는 업체들이 많았지만, 당시 사장님과 직원이었던 저는 투명하게 회계 관리를 하는 것이 옳다고 판단하여 카드 결제 또는 현금영수증 발행을 꼭 지켰습니다. 그 카페는 지금은 꽤 유명한 카페가 되었는데 원칙을 꾸준히 지킨 영업 방식의 영향도 있다고 생각합니다. 원칙 준수는 결국 고객의 신뢰로 연결되며, 또 원칙을 어김에서 오는 리스크를 제거하기 때문에 장기적으로 이득이 될 수밖에 없다고 생각합니다.

기억하세요!

융통성이라는 것이 어느 수준의 융통성을 말하는 것인지 애매하기 때문에 답변하기가 까다롭습니다. 보다 구체적인 상황을 가정하여 그 상황에서 어떻게 대처할지를 답변하거나, 간단하게 원칙이 더 중요하다고 답변하는 것도 괜찮습니다. 원칙보다 융통성이 더 중요하다고 생각하는 면접관들조차도 신입사원이 융통성을 발휘하겠다고 답변하는 것을 좋아하진 않을 것입니다. 본인이 정직하며 신뢰할 수 있는 지원자임을 일관되게 강조하는 것이 좋습니다.

면접관의 머릿속에
물음표가 생기게 하지 말자

#원샷원킬 #리스너vs토커

면접관: 다른 사람과 함께 있을 때 주로 듣는 입장입니까, 말하는 입장입니까?

나잘남: 저는 주로 듣는 입장입니다. 저의 생각도 중요하지만 다른 사람의 생각을 듣고 공감하고, 필요하다면 해결책을 제시하는 역할을 많이 했던 것 같습니다

면접관: HR 직무에 지원했기 때문에 인사 담당자의 입장에서 말씀을 한 것 같은데요. 들어오면 신입사원이기 때문에 분위기 메이커 역할을 해야 할 때도 있을 것 같은데, 성격상 할 수 있을 것 같나요?

나잘남: 네. 제가 경청을 중요하게 생각을 하지만, 만약 제가 나서서 말을 해야 하는 상황이라면 얼마든지 분위기를 주도할 수도 있습니다.

면접관: 분위기를 주도해 본 경험은요?

나잘남: 최근 취업 스터디를 꾸준히 하고 있는데, 저도 그다지 외향적인 성격은 아니지만 스터디원 중에선 제가 가장 외향적입니다. 그러다 보니 제가 스터디 진행을 주도하는 경우가 많았고 중간 쉬는 시간에도 제가 분위기를 이끌어 가다 보니 스터디원으로부터

"넌 인사(HRM)가 대신 직원 교육(HRD)을 해도 잘할 것 같다"는 이야기를 듣기도 했습니다.

속마음이 궁금해요!

나잘남: 좋아. 잘 대답했어!

면접관: 오케이. 필요에 따라선 나설 줄도 알고 때와 장소를 가려서 적절하게 행동하겠다는 얘기군.

기억하세요!

면접관은 나잘남 씨의 답변에 흡족해했습니다. 그렇다면 나잘남 씨의 이번 답변은 성공적이었을까요? 아니오. 그냥 나쁘지 않은 정도입니다. 나잘남 씨는 필요할 땐 나설 수도 있다는 얘길 했지만, 그 근거를 바로 밝히지 않아서 면접관은 한 번 더 추가 질문을 해야 했습니다. 좋은 답변은 면접관의 머릿속에 물음표를 남기지 않는 것입니다.

결과적으로 나잘남 씨는 질문 한 개를 불필요하게 소진했습니다. 면접의 시간은 한정되어 있고 나를 보여 줄 수 있는 답변 기회는 많지 않습니다. 되도록이면 면접관의 궁금증을 한번에 해소하여 더 좋은 질문을 받을 수 있는 시간을 확보하도록 해야 합니다.

❹ 역량

면접관이 이미 아는 것을
다시 말할 필요는 없다

#직무관심중요 #진심이면감천

면접관: 학업 성적 외에 별다른 강점이 보이지 않습니다. 지원자가 가진 다른 강점은 없나요?

나잘남: 저의 강점은 어학 역량입니다. 외국에 한 번도 나가 본 적이 없는 순수 국내파임에도 불구하고 독학으로 만점에 가까운 토익 점수와 AL 말하기 점수를 갖추었습니다. 글로벌 기업인 JM화학에서 HR을 하기 위해서는 어학 역량이 필수라고 생각하기 때문에 입사해서도 외국어 역량을 계속 유지할 수 있도록 하겠습니다.

속마음이 궁금해요!

나잘남: 나에게 가장 큰 약점이다. 학점, 영어 말곤 한 것이 없는데 학점 말고 뭘 잘하냐고 물으면 영어라고 답할 수밖에 없다.

면접관: 외국어를 잘한다는 건 이력서를 통해 알 수 있는 정보인데 굳이 얘기할 필요가 있었을까. 게다가 우리 회사 HR에선 실제 직무 수행 시 영어가 필요한 상황이 많지는 않은데 말이다. 다른 강점은 정말 전혀 없나 보다.

이렇게 답해요!

HR에 대한 관심과 지식이라고 생각합니다. 전공으로 HR 관련 과목을 이수한 것 외에도 HR을 꼭 하고 싶었기 때문에 매월 HR 관련 잡지를 구독해 보았고, 제 주변에서 벌어지는 모든 일들을 HR의 관점에서 생각해 보는 습관을 들였습니다. 예를 들어 아르바이트를 할 당시 급여가 삭감되면 임금이 직무 몰입에 미치는 영향을 생각해 보고, 학교에서 조 모임을 할 때는 조장의 리더십 유형과 성과의 관계를 생각해 보는 식으로 말입니다. 입사해서 현장에서 발생하는 이슈에 대응할 때도 이 같은 습관이 도움이 될 것이며, 또 빠르게 전문가로 성장하기 위한 밑거름이 될 것이라 생각합니다.

기억하세요!

학점과 영어 점수가 높은 것은 이력서를 통해 이미 면접관도 알고 있습니다. 드러나 있는 정보를 다시 강조하는 것은 크게 의미가 없습니다. 더군다나 높은 학점을 통해 지원자의 성실함이 충분히 어필이 된 상태이기 때문에 또 다른 성실함의 척도인 영어 점수를 얘기할 필요까진 없었습니다. 나잘남 씨는 영어가 필요하지 않은 포지션에 지원했으므로 회사 입장에서 나잘남 씨의 영어 점수는 학점과 마찬가지로 성실함의 척도밖에 되지 않습니다.

나잘남 씨는 인턴과 같은 직무 관련 경험이 없다는 것이 큰 단점이라 생각하여 스스로 직무와 관련된 내용을 언급하는 것을 피하고 있습니다. 하지만 경력자가 아닌 이상 누구도 직무 실무를 직접 경험한 지원자는 없으므로 인턴을 한 적이 없다고 하여 위축될 필요는 없습니다. 지원한 직무에 대한 관심을 논리적으로 표현할 수 있다면, 그 관심 자체로도 충분한 강점이 될 수 있습니다.

면접관의 의도와 다른 답변을 하면 후속 질문이 날카로워진다

#답변잘못하면 #꼬리질문공격

면접관: 인사(HR)를 진지하게 생각한다면 노무사 공부를 해 봄 직도 한데 왜 노무사 공부는 안했나요?

나잘남: 노무사 공부를 했다가 합격하지 못했을 경우엔 기회비용이 너무 크다고 판단해서 노무사 공부는 하지 않았습니다.

면접관: 노무사 시험 참 어렵죠. 아무튼 시험이 어려울 것 같아서

포기했다는 말씀이군요. 그런데 인사팀은 노무 업무의 비중이 큰데 노무 업무도 당연히 할 생각이 있는 거죠?

나잘남: 네. 인사(HR)에서 노무도 중요한 부분 업무라고 생각하기 때문에 당연히 하고 싶으며, 또 잘할 수 있다고 생각합니다.

면접관: 노무 업무를 잘할 수 있다는 건 저희가 어떻게 믿을 수 있을까요? 노동법을 공부한 적은 있나요?

나잘남: 회사에 취업하고 나서 퇴근 후 틈틈이 노무사 준비를 계속하여 꼭 노무사를 취득하도록 하겠습니다.

속마음이 궁금해요!

나잘남: 노무사는 단 한 번도 생각해 본 적도 없고 지금도 생각하지 않고 있는데, 계속 묻는 말에 대답하기 급급하다 보니 결국 본래 생각과 다른 말을 했다. 노무사는 할 생각이 없는데…….

면접관: 실무를 배우기에도 벅찰 텐데 퇴근 후에는 노무사를 공부하겠다고? 일부터 먼저 배울 생각을 해야지.

이렇게 답해요!

노무사 시험을 취득하는 것도 인사(HR) 전문성을 확보하는 좋은 방법이라 생각합니다. 그렇지만 노무사 자격증이 없더라도 현장에서 경력을 쌓아서 인사 전문가로 성장할 수 있다고 생각했습니다. 조금이라도 일찍 현업을 시작하여 실무에 강한 인사 전문가로 성장하겠습니다. 그리고 노무사들에 비해 이론적으로 부족한 부분은 업무를 하는 과정에서 노동법을 찾아보거나 또는 선배님들께 여쭤보고, 아니면 외부 노무사에게 자문을 구하는 등 여러 방법을 통해 적절히 보완해 가도록 하겠습니다. 노무사 자격 취득은 이후에 업무적인 필요성이 생겼을 때, 그때 고려해 보려고 합니다.

기억하세요!

면접관의 질문에는 숨은 의도가 있으며, 또 듣고자 하는 답변이 있습니다. 면접관의 의도에 부합하지 않는 답변을 하게 될 경우 면접관은 다시 얻고자 하는 답을 구하기 위해 추가 질문을 할 수밖에 없습니다. 몇 차례 추가 질문에도 적절한 답을 하지 못할 경우, 면접관의 질문은 더욱 공격적으로 바뀌게 되고 답변하기 곤란한 지경에 이를 때까지 질문을 할지도 모릅니다.

인사(HR) 지원자들에게 노무사를 왜 공부하지 않았냐고 묻는 이유는 첫 번째는 혹시 노사 업무를 기피하지는 않는지 궁금해서이며, 두 번째는 단순히 노무사 취득이 어렵기 때문에 지레 겁먹고 포기한 것은 아닌지도 확인해 보고 싶어서입니다.

나잘남 씨의 답변은 면접관의 이 두 가지 우려가 모두 사실이었음을 확인해 주는 답변이었습니다. 인사(HR) 지원자뿐만 아니라 지원한 직무 분야에서 공히 인정되는 자격증이 있는데, 그 자격증을 취득하지 않았다면 이 같은 질문을 받을 수 있습니다. 좋은 답변 방향은 자격증을 취득하진 않았지만 다른 방법으로 직무 전문가가 되기 위한 준비를 해 왔으며, 자격 취득은 향후 업무적 필요성이 있을 때 고려하겠다고 하는 것입니다.

그리고 노무사 같은 난도 높은 시험을 신입사원 때부터 준비하는 것을 반기는 기업은 거의 없으므로 신입사원 때부터 자격증 취득을 위해 공부하겠다는 말은 하지 않는 것이 좋습니다.

내가 잘할 수 있는 이 직무를 군이 이 회사에서 하려고 하는 이유

#직무vs회사 #둘다중요

면접관: 만약 우리 회사 말고 다른 회사 한 곳을 골라서 갈 수 있다면 어떤 회사를 가고 싶나요?

나잘남: 인사(HR)을 할 수 있다면 회사는 어디든 상관없다고 생각합니다. 제게 중요한 것은 인사(HR)을 하는 것이지 회사가 아닙니다.

속마음이 궁금해요!

나잘남: 직무 중심으로 답변하는 것이 중요하다고 했지!

면접관: 우리 회사가 아니라도 상관없다는 말도 되는군.

이렇게 답해요!

물론 JM화학의 인사(HR)에서 일하고 싶은 마음이 가장 큽니다만, 굳이 다른 회사를 꼽아야 한다면 경쟁사인 JS케미칼의 인사(HR)을 꼽고 싶습니다. 그 이유는 첫째로 직원 수가 적기 때문에 직원 한 명 한 명의 역량이 중요한 화학 업계에서 일을 하고 싶기 때문이며, 두 번째로는 JM화학과 더불어 국내 화학 업계에서 선두의 위치를 점하고 있기 때문입니다. 그렇지만 HR에 지원하는 입장에서 JM화학 인사 제도가 더 우수하다고 생각하기 때문에 두 군데 모두 기회가 주어진다면 당연히 JM화학에 입사하겠습니다.

기억하세요!

비슷한 질문으로는 "다른 회사에 지원한 곳이 있나요?"가 있겠습니다. 이런 질문을 하는 이유는 혹시 다른 회사로 이탈할 가능성이 있을지 확인하고자 함이고, 두 번째로는 당사를 얼마나 우선순위로 두고 있는지를 확인하고자 함입니다. 많은 지원자들이 다른 회사에는 지원한 적도 없고 지원할 생각이 없다는 식으로 답변을 하지만 이것은 좋은 답변이 아닙니다. 경쟁력이 떨어지는 지원자로 보일 가능성이 있기 때문입니다. 우리 회사가 아니라면 갈 곳이 없는 지원자는 그다지 매력적으로 보이지 않습니다. 다른 회사로 갈 수 있는 충분한 역량을 갖춘 지원자임에도 다른 회사가 아닌 꼭 우리 회사로 오고 싶어 한다는 인상을 심어줘야 합니다. 이 질문에 대해선 경쟁사를 언급하는 것이 효과적입니다. 경쟁사를 언급함으로써 당사가 속한 업계에 대한 관심도가 높다는 것과 자칫 경쟁사에 뺏길 수도 있는 유능한 인재라는 인상을 줄 수 있기 때문입니다.

에베레스트 안 다녀왔다고
쫄지 말고 당당하자

#면접관눈엔 #다고만고만

면접관: 학점이랑 영어 말고는 한 일이 거의 없어요. 다른 지원자들은 각종 공모전 수상 경력도 화려하고 동아리 회장은 기본인데 반해 나잘남 씨는 그런 것이 전혀 없네요. 저희가 무엇을 보고 나잘남 씨를 뽑아야 될까요?

나잘남: 그렇게 보일 수도 있겠지만 해명을 하자면 가정형편이 넉넉하지 못해서 아르바이트를 학업과 병행해야 했습니다. 그래서 학업 외에 다른 활동을 할 수 있는 시간은 나지 않았던 점이 아쉽습니다만, 주어진 시간 내에선 누구 못지않게 열심히 살아왔다 자부합니다.

속마음이 궁금해요!

나잘남: 이런 질문을 받을 줄은 알았지만 순간적으로 발끈하고 말았다. 그렇지만 기분이 나쁜 건 어쩔 수 없다. 면접관이 나의 입장이었더라도 나보다 열심히 살 수는 없었을 것이다.

면접관: 열심히 살지 않았다고 탓하는 것이 아닌데 발끈하는군. 본인의 강점을 어필할 수 있는 기회를 준 것인데 기회를 날렸어.

이렇게 답해요!

대학 생활 동안 기본에 충실하고자 했습니다. 학생의 기본은 학업이라 생각하여서 학비를 모두 직접 벌면서도 학업만큼은 놓치지 않았습니다. 그리고 이력서에 적을 수 있는 활동은 많지는 않았지만 인사(HR) 직무를 하고 싶어서 HR 잡지를 구독하고, 관련 세미나에 참석하는 등 다양한 방법으로 HR 공부를 계속하여 왔습니다. 특히 JM화학의 인사와 관련된 내용이라면 놓치지 않고 모두 스크랩하며 공부했습니다. 그래서 이론적인 부분에서 만큼은 강점이 있다고 생각하고, 특히 JM화학의 인사 제도에 대해서는 어떤 지원자보다 잘 안다고 자부합니다.

기억하세요!

꼭 에베레스트에 등정을 하고 국토 대장정을 해야 끈기를 증명할 수 있는 것이고, 해외 연수를 다녀와야 영어 실력을 증명할 수 있는 것일까요? 면접관들은 지원자들이 학부 수준에서 배운 지식이나 대학 생활에서 한 경험 그 자체가 직무 역량에 큰 영향을 준다고 생각하지 않습니다. 경험을 통해 얻은 가치관이나 지식이 직무와 관련성이 있고 회사의 인재상에 부합하는지가 궁금할 뿐입니다. 기업은 지원자가 어떤 일을 한 사람인지보단 어떤 잠재력을 가졌는지를 보고 있기 때문입니다. 아주 사소한 경험이더라도 그것을 통해 얻은 것이 분명하고 직무와 회사와 관련이 있다면 당당히 어필하기 바랍니다.

※ 단, 전문직 자격증을 취득했다든지, 다른 대학생들이 엄두를 내지 못할 만큼의 수상 경력이 있을 경우엔 그 자체로 인정받을 수도 있습니다.

면접관의 반박을 일부 수용하여 자신의 의견을 보완하자

#발끈하지말기 #사과도하지말기

면접관: 한 가지 상황을 가정해 보겠습니다. 지원자는 현재 교육(HRD) 담당자로서 과장 승진 과정을 운영 중입니다. 섭외한 외부 강사가 교육 시간이 다 되어도 나타나지 않아서 전화를 해 보았더니 지원자 본인이 강사에게 교육 시간을 잘못 전달한 사실을 뒤늦게 알

게 되었습니다. 5분 후 교육을 시작해야 하는 상황이며 교육생들은 모두 자리에 앉아 있습니다. 어떻게 대처하시겠습니까?

나잘남: 먼저 교육생들에게 교육 일정이 조금 변경되어야 하는 상황임을 공지하고 양해를 구하겠습니다. 즉시 진행 가능한 과정부터 먼저 시작하고 이후 일정은 각 과정의 시작 시간을 재배치하여 공백 시간을 최소화하겠습니다.

면접관: 본인이 교육 담당자이면 한두 시간 정도는 본인이 직접 교육을 하면 되지 않나요? 그 정도 콘텐츠는 항상 준비되어 있어야죠.

나잘남: 네, 면접관님 말씀이 더 좋은 방안일 것 같습니다. 죄송합니다. 미처 생각을 하지 못했습니다.

속마음이 궁금해요!

나잘남: 면접관님 말씀이 더 맞는 것 같아서 무어라 할 말을 잃었다.

면접관: 그냥 본인의 생각을 물은 것인데 죄송하다고 해 버리네. 뭐가 왜 죄송하다는 거지?

이렇게 답해요!

면접관: 본인이 교육 담당자이면 한두 시간 정도는 본인이 직접 교육을 하면 되지 않나요?

지원자: 네. 맞습니다. 제가 직접 강의하는 것도 좋은 방법일 것 같

습니다. 그렇지만 교육 담당자의 콘텐츠로 교육 과정을 대체해 버리면 본래 기획한 교육 목표와 부합되지 않는 내용이 전달될 수 있으므로 되도록 시간 조정을 통해 순서가 바뀌더라도 사전 기획된 과정으로 진행하는 것이 더 좋다고 생각합니다. 만약 시간 조정이 어렵다면 교육 담당자의 콘텐츠로 진행하도록 하겠습니다. 그리고 이 같은 실수는 교육 담당자에겐 있을 수 없는 실수이기 때문에 만약 제가 그런 실수를 했다면 깊이 반성하는 것 또한 중요하다고 생각합니다.

기억하세요!

상황 면접은 정답이 있는 질문을 하는 것이 아닙니다. 그러므로 지원자가 어떠한 답변을 하더라도 면접관은 반박 질문을 할 수가 있습니다. 이때 면접관의 후속 질문에 어떻게 대응하는지가 중요합니다. 첫 번째 잘못된 대응 방식은 면접관의 질문에 발끈하는 것입니다. 하지만 긴장되는 면접 상황에서 면접관에게 발끈하는 지원자는 많지 않을 것입니다. 두 번째 잘못된 대응 방식은 나잘남 씨가 한 것처럼 면접관의 의견을 전적으로 수용하고 더 나아가 자신의 의견이 잘못되었음을 사과까지 하는 것입니다. 하지만 지나치게 수동적인 태도는 요즘 변화된 조직 문화에는 적합하지 않습니다. 올바른 대처법은 면접관의 의견을 일부 수용하여 자신의 답변을 보완하는 것입니다.

시사 이슈는 회사와 관련 지어 답변하는 것이 좋다

면접관: 미중 무역 전쟁에 대해 아는 대로 설명해 보세요.

나잘남: 미국이 중국에게 본 대규모 무역 적자가 표면적으로는 발단이 되었지만 세계 질서가 G2로 재편되면서 발생한 주도권 갈등이라는 시각도 있는 것으로 알고 있습니다. 다만 무역 전쟁이 장기화되는 것은 양국뿐 아니라 전 세계 경제에 심각한 영향을 주므로 서로 적당히 양보하는 선에서 마무리가 될 것이라는 전망이 많은 것으로 알고 있습니다.

속마음이 궁금해요!

나잘남: 이 정도는 당연히 준비했지.

면접관: 무역 전쟁에 관해서 알고는 있는데 우리 회사에 어떤 영향을 줄 것인가까지 말했더라면 더 좋았겠다.

이렇게 답해요!

미국과 중국의 경제적, 정치적 주도권 갈등으로 무역 전쟁이 발생은 했지만 장기화되는 것은 양국 모두에게 도움이 되지 않는 만큼 적당히 서로 양보하는 수준에서 마무리될 것을 기대하고 있습니다. 중요한 것은 무역 전쟁이 지속되는 동안 JM화학이 어떤 영향을 받을 것인가라고 생각합니다. 중국은 미국의 석유 화학 제품에도 관세를 부과할 예정입니다. 따라서 중국 화학 업계의 원가 부담은 높아질 수밖에 없기 때문에 JM화학의 일부 제품의 경우 시황이 더욱 강화되는 긍정적인 효과도 기대해 볼 수 있을 것 같습니다. 하지만 경기 자체가 침체하는 수준까지 무역 전쟁이 나아가는 최악의 가능성도 있기 때문에 일부 제품이 일시적으로 원가 경쟁력이 생기더라도 긴장의 끈을 놓지 말고 기술력 강화를 통한 원가 절감의 노력을 계속해야 할 것이라 생각합니다.

기억하세요!

시사 질문을 받을 땐 지원한 회사와 관련지어 답변하는 것이 좋습니다. 물론 시사 이슈를 물어보는 것은 회사에 대한 관심이 어느 정도인가를 파악하고자 함이 아니라, 현재 시사 이슈를 어떻게 이해하고 있으며 이해한 바를 논리적으로 설명할 수 있는지를 알기 위함이기 때문에, 반드시 회사와 관련지어 답변을 해야 한다는 것은 아닙니다. 하지만 회사와 관련지어 답변한다면 시사에 대한 이해와 함께 회사에 대한 관심도 표현할 수 있습니다.

기업 분석은
철저하게 하자

#홈페이지는기본 #DART #증권사레포트 #현직자인터뷰

면접관: 우리 회사에 대해 아는 대로 말씀해 보세요.

나잘남: JM화학은 1985년도에 설립된 회사로 1900년도에 유가 증권에 상장되었습니다. A제품을 국내 최초로 국산화하였고, 현재 국내 점유율 1위이며 세계 점유율 20위권입니다. 그리고 최근 설립한 자회사를 통해 A제품의 다운스트림에 해당하는 B, C 제품은 최근 생산하기 시작하여 포트폴리오를 강화했습니다. 지금은 신재생 에너지 분야로의 진출도 준비하고 있습니다.

속마음이 궁금해요!

나잘남: 미리 준비했지.

면접관: 홈페이지에 있는 걸 그대로 외웠구나.

이렇게 답해요!

국내 A제품의 대표 메이커인 JM화학은 최근 5년간의 극심한 불황에도 불구하고 원가 절감을 통해 매년 흑자를 유지하였습니다. 최근에는 다운스트림 제품군을 확보하여 시황에 흔들리지 않는 강한 체질까지 갖추어 양적, 질적으로 한 단계 더 성장했다고 생각합니다. 향후 신재생 에너지 분야에까지 진출하게 되면 화학 기업에서 한발 더 나아가 종합 화학 에너지 기업으로 발돋움하게 될 것이라 생각합니다. 이처럼 매우 빠르게 성장하고 있는 기업이기 때문에 인사 (HR)의 우수한 인재를 확보하고 관리하는 역할이 굉장히 중요하다고 생각합니다.

기억하세요!

홈페이지를 통해 확인할 수 있는 기업에 대한 내용은 기껏 연혁이나 제품군 수준입니다. 간단히 정리가 되어 있기는 하지만 그것만 말한다면 회사에 대한 관심을 어필하기가 어렵습니다. 따라서 상장사라면 Dart의 사업 보고서를 확인하고, 최근 3개년 정도의 기사를 통해서 회사가 어떤 상황에 처해 있으며 어떻게 극복하고 있는지를 알아보고 자신의 생각까지 정리를 해야 합니다. 특히 B2B 기업의 경우 홈페이지에 기재된 정보가 업데이트되지 않은 과거의 정보일 확률도 있으므로 반드시 최근 기사를 확인해야 합니다. 이외에도 현직자를 인터뷰한다거나 증권사 애널리스트들의 기업 보고서를 확인하는 것도 좋은 방법입니다.

기업 분석 방법

① **전자공시시스템**(Dart): 지원한 회사가 상장사라면 전자공시시

스템에서 사업 보고서를 읽을 수 있습니다. 매분기 올라오는 사업 보고서에서 사업의 내용을 확인하기 바랍니다. 회사가 투자자들을 위해 직접 작성한 내용이므로 가장 신뢰도 높은 자료라고 볼 수 있습니다.

②**회사 홈페이지:** 회사의 제품군, 연혁, 비전, 핵심 가치, 인재상 등을 확인하고 숙지해야 합니다.

③**증권사 애널리스트 보고서:** 각 증권사의 애널리스트들이 작성한 기업 레포트를 확인하는 것도 좋은 방법입니다. Dart에서 확인할 수 있는 사업 보고서는 주관성이 배제된 사실 위주로 정보를 제공하지만, 애널리스트 보고서를 통해서는 사업에 대한 증권사의 전망까지 함께 알 수 있습니다. 한경컨센서스(hkconsensus.hankyung.com)에 들어가면 모든 증권사에서 제공하는 기업 보고서를 볼 수 있습니다. 또 지원한 기업이 포함된 업계 전반에 대한 내용은 동일 사이트의 '산업REPORT'에서 확인할 수 있습니다.

④**인적 네트워크 활용:** 가장 좋은 기업 분석 방법은 면접 볼 회사의 현직자를 만나서 인터뷰하는 것입니다. 본인의 인적 네트워크로 연결하기가 어렵다면 다니는 학교의 취업 지원과에 문의하여 동문 선배 연결을 요청하는 것도 좋은 방법입니다. 그것도 힘들다면 멘토링 전문 업체를 통해 찾아보는 방법도 있습니다.

회사의 직무 이슈를 파악하자

#틀린건아님 #더좋은답이가능

면접관: 최근 인사(HR) 이슈 중 가장 관심 있게 지켜보고 있는 이슈에 대해 말씀해 보세요.

나잘남: 최근 가장 화제가 되고 있는 이슈는 단연 최저임금 인상입니다. 금년도 적용된 최저임금의 인상 폭이 너무 가팔라서 기업에 부담으로 작용하고 있다는 여론이 많이 있는 것으로 알고 있습니다. 기업이 어려워지면 채용 또한 축소되어 결국 근로자들도 피해를 받게 된다고 생각하기 때문에 기업에 무리가 되지 않는 선으로 인상의 속도가 조절되어야 한다는 생각을 갖고 있습니다.

속마음이 궁금해요!

나잘남: 요즘 포털 1면을 항상 차지하고 있는 최저임금 이슈가 단연 인사(HR)의 최대 화두인 만큼 최저임금을 이야기해야겠다.

면접관: 그렇지. 최저임금도 HR에서 중요한 이슈이긴 하다. 그런데 우리 회사는 전체 급여 수준이 높다 보니 최저임금의 영향을 거의 안 받는다. 어찌됐든 나잘남 씨의 의견엔 동의한다.

이렇게 답해요!

주 52시간 근무제를 유심히 살펴보고 있습니다. 이미 법제화된 내용이므로 이 제도의 옳고 그름을 논하기보다는 어떻게 건설적인 방향으로 활용할지 고민해야 한다고 생각합니다. 단기적으로는 인건비와 관리비 상승 부담으로 다가오겠지만 스마트하게 일하는 조직문화로 혁신하는 계기로 삼을 수 있다고 생각합니다. 근로 시간이 단축되더라도 근무 효율을 높여 생산성을 제고할 수 있다면 장기적으로는 직원들의 혁신성을 제고하고, 번아웃에 따른 우수 인재 유출을 줄이는 기회가 될 수도 있다고 생각합니다.

기억하세요!

직무 관련 이슈에 대해 답할 땐 사회적으로만 중요한 이슈가 아니라 지원한 회사에 중요한 이슈를 선택하는 것이 더 좋습니다. 그러기 위해선 기업에 대한 분석이 사전에 이루어져야 합니다. 가상의 기업인 JM화학처럼 최저임금의 영향을 받지 않는 기업에서는 최저임금보다는 근로시간 단축이 훨씬 더 중요한 이슈일 것입니다. 최저임금에 대해 답변하더라도 잘못된 것은 아니지만 최저임금엔 관심이 없는 면접관의 흥미를 끌기는 어려울 것입니다. 면접관의 관심사를 언급하는 것! 면접 전에 기업 분석을 열심히 해야 하는 이유입니다.

군대 이야기는
가급적 하지 말자

#식상 #노잼

면접관: 소속 조직에서 기존과는 다른 획기적인 변화를 이끌어내기 위해 아이디어를 제시한 경험에 대해 이야기해 보세요.

나잘남: 군 복무를 할 때 불합리한 관습들을 많이 겪었습니다. 예를 들어 상병이나 병장들은 생활관 청소를 하지 않는다든지 이런 것들은 아무리 군대라지만 옳지 않다고 생각했습니다. 그래서 저는 병장이 되었을 때, 계급별 특권을 정한 부조리를 모두 없앴습니다. 물론 제가 제대하고 그런 부조리가 다시 생기긴 했지만 누군가는 계속 잘못된 관습을 바로잡기 위한 시도를 해야 한다고 생각합니다.

속마음이 궁금해요!

나잘남: 면접관들이 군대 이야기는 식상해서 안 좋아한다는 이야기를 들은 적은 있지만, 군대 말고는 조직 생활을 한 적이 한번도 없는 걸 어떡해.

면접관: 군대 이야기는 술자리에서 내가 더 많이 해 줄 수 있지. 그리고 불합리한 것을 개선한 무용담 말고 조직의 변화를 만들어 낸 아이디어를 물어본 것인데 포인트를 잘못 잡았네.

이렇게 답해요!

학교 조별 과제를 할 때 저는 항상 나이가 가장 어린 사람을 팀장으로 추천했습니다. 물론 제가 나이가 어릴 때는 제가 자발적으로 팀장에 지원했습니다. 학교에서는 나이를 존중하여 대개 나이가 많은 고학번 선배가 팀장이 되는 경우가 많습니다. 이런 조직의 경우 의사결정이 효율적인 장점은 있으나 탑다운 방식으로 소통이 이루어지기 때문에 다양한 아이디어가 존중되지 못할 때가 많고, 리더의 역량에만 지나치게 의존하게 되는 부작용이 있습니다. 그래서 반대로 나이가 어린 사람이 팀장을 맡아서 모든 팀원들이 아이디어를 낼 수 있는 환경을 만드는 것이 성과를 높일 수 있는 방법이라 생각했습니다. 물론 각 담당자의 책임과 권한이 분명한 기업에는 적용할 수 없는 방식입니다만, 제가 속했던 팀이 매번 좋은 성과를 냈던 것을 보면 학교라는 조직 내에서 저의 작은 실험은 성공적이었다고 생각합니다.

기억하세요!

군대 이야기는 되도록 하지 않는 것이 좋습니다. 첫째, 식상하기 때문이고 둘째도 식상하기 때문입니다. 지원자의 절반이 경험한 조직이 군대이므로 모두의 경험이 크게 다르지 않습니다. 그리고 이같은 역량 질문은 되도록 지원한 직무와 관련된 경험을 이야기하는 것이 좋습니다. 나잘남 씨의 경우도 무언가를 HR의 관점에서 고민하고 실행한 경험을 이야기하는 것이 좋습니다.

기가 막힌 질문이 아니라면
굳이 하지 말자

#면접관도피곤 #그냥한말

면접관: 그럼 마지막으로 면접관들에게 물어보고 싶은 것이 있나요?

나잘남: 네. 혹시 JM화학의 2020 비전을 달성하기 위해서 인사팀은 어떤 준비를 하고 있는지 궁금합니다.

속마음이 궁금해요!

나잘남: 물어볼 것도 없는데 뭘 질문을 하라는 거야. 생각나는 대로 일단 물어보자.

면접관: 끝내려고 하는데 이렇게 어려운 질문을 하다니…….

이렇게 답해요!

질문은 아니고 면접관님께 꼭 드리고 싶은 말씀이 있는데 드려도 괜찮을까요? (면접관: 네.) 우선 이렇게 면접 기회를 주신 것에 대단히 감사드립니다. 인사를 지원하는 입장에서 인사의 주요 절차 중 하나인 채용 과정을 국내 최고의 화학 기업에서 경험했다는 것만 해도 저에겐 의미 있는 시간이었다고 생각합니다. 어떤 면접 결과를 받든 아쉬움 없이 솔직한 저의 모습을 보여 주었다고 생각하기 때문에 감사한 마음만 가지고 돌아갈 수 있을 것 같습니다. 다시 한 번 감사드립니다.

기억하세요!

질문이 마땅히 생각나지 않는다면 하지 않아도 괜찮습니다. 면접관은 면접을 끝내겠다는 말 대신 질문이 있냐는 의례적인 인사치레를 한 것일 수도 있기 때문입니다. '드리고 싶은 말은 모두 한 것 같고 질문은 없다'고 하면 됩니다.

준비해 간 마지막 할 말을 질문 대신에 하는 것도 좋은 방법입니다. 여기서 한 번 생각해 볼 점이, 이 시점은 이미 면접관들이 마음속으로 합격 또는 불합격을 결정한 이후라는 것입니다. 마지막 할 말이 어차피 결과를 바꿀 수 있을 가능성은 크지 않습니다. 그렇다면 승부수를 던져야겠죠. 마지막 결정을 움직일 수 있는 언어는 이성보다는 감성을 담고 있는 표현입니다. 당연히 외워간 멘트보다는 그 순간의 진심이 더 효과적일 것입니다. 마지막 할 말을 미리 준비는 하되, 그 순간에 더 절절한 말이 생각이 난다면 그 말을 하기 바랍니다.

학점만 좋은 대한민국의 모든 나잘남 씨를 위한 면접 솔루션

1. 우리 모두는 부족하다. 쫄지 말자!

뒤에서 나올 다이룸 씨처럼 학점도 좋고, 공모전 수상에 각종 대외 활동 경험까지 풍부한 지원자도 있겠지만, 대부분은 무언가 부족하기 마련입니다. 나잘남 씨처럼 학업에 치중하다 보면 아무래도 다른 대외 활동은 조금 소홀할 수밖에 없지요. 문제는 면접에서는 학교에서 배운 전공 지식보다 직무와 관련 있는 경험을 더 많이 물어보기 때문에 경험이 적으면 답변거리가 마땅치 않다는 것입니다. 그래서 나잘남 씨는 질문을 받을 때마다 자꾸 위축되어 답변을 짧게 하거나 적당히 둘러대는 답변을 했습니다.

2. 오늘보다 내일을 기대하게 하자!

그러나 전혀 위축될 필요 없습니다. 대학교 재학 중의 경험을 기업들이 얼마나 인정할까요? 마케팅 공모전 수상 경력이 있다고 하여 마케팅 전문가로 인정하지 않고, 유통 또는 물류 관리사 자격증을 취득했다고 하여 그 분야 전문 지식이 있을 것이라 생각하지 않습니다. 아무리 똑똑한 신입사원이 들어와도 사내 시스템과 문화가 있기 때문에 처음부터 배워야 하기 때문입니다. 그럼에도 직무 경험에 대해 물어보는 것은 그 직무에 얼마나 관심을 갖고 있는지를 확인하기 위함입니다. 그리고 그 직무에 적합한 태도를 보유하고 있는지를 확인하여 성장 가능성을 가늠해 보기 위해서입니다. 그러니 거창한 직무 경험이 없다고 하여 경험이 부족하다고 생각하지 말기 바랍니다. 아무리 사소한 경험이더라도 그 경험을 통해 보여줄 수 있는 자신의 태도나 가치관이 지원한 직무에 유용하다고 판단이 되면 자신 있게 답변하기 바랍니다. 기업들이 신입사원 면접을 통해 알고자 하는 것은 지원자의 성장 가능성이지 지원자의 현재 역량이 아닙니다.

3. 좋은 학점과 높은 영어 점수는 큰 이점이다!

나잘남 씨처럼 학점과 어학 점수가 좋은 건 지원자에게 굉장한 이점입니다. 앞서 기업들은 신입사원의 성장 가능성을 알고자 한다고 말씀드렸는데요, 학점은 이 성장 가능성을 알기 위한 하나의 신호(Signal)가 되기 때문입니다. 우리 속담에 '하나를 보면 열을 안다'고 하지요. 학점과 어학 점수는 이력서만으로 파악할 수 있는 지원자의 몇 안 되는 정보이기 때문에 면접관에겐 열을 생각하게 하는 중요한 정보가 될 수밖에 없습니다. 그래서 학점과 영어 점수가 좋다면 일단은 성실하고 기본 머리는 있겠다는 선입견을 면접관에게 심어 준 채로 면접을 시작할 수 있습니다. 그러니 학점이 좋다면 더 자신감을 가져도 좋습니다.

4. 변명하지 말고 당당하자!

직무 관련 경험이 부족했다는 지적을 직접적으로든 우회적으로든 받을 수 있습니다. 이 질문에 대한 가장 잘못된 대응은 변명하는 것입니다. "마케팅을 하겠다고 하는 분이 마케팅 공모전에 한 번도 안 나가봤네요?"라는 질문을 받고 시간이 부족했다는 식으로 공모전에 참여할 수 없었던 변명을 한다면 반드시 해야 하는 것을 하지 않았다고 인정하는 꼴이 됩니다. 왜 마케팅 공모전에 참여하지 않았나요? 시간이 없었다는 것이 오히려 더 거짓이지 않나요? 공모전 참여가 불필요하다고 생각한 이유가 있었을 것입니다. 그 이유를 솔직하게 말씀드리기 바랍니다.

[부록 1-2]
STAR 기법 이해하기

면접 답변을 STAR 기법으로 해야 한다는 이야기를 한 번쯤은 들어봤을 것입니다. 항상 모든 답변을 STAR 기법으로 해야 할까요? 결론부터 말씀드리자면 STAR로 답변하는 것은 굉장히 유용한 방법이지만, 모든 질문을 STAR로 답변해야 하는 것은 아닙니다. 먼저 STAR가 뭔지 개략적으로 알아보고 설명을 이어가겠습니다.

S (Situaation)	처해 있던 상황
T (Task)	수행한 일의 내용과 목표 또는 과제
A (Action)	구체적인 대처/접근 방법
R (Rsuilt)	행동의 결과(성과)

STAR는 Situation(상황), Task(목표/과제), Action(임무/역할), Result(결과)의 약자입니다. 즉 상황-목표-역할-결과를 구조적으로 연결한 것인데요. STAR의 구조로 답변하면 체계적이고 논리적으로 답변을 할 수 있습니다. 나잘남 씨의 예로 살펴보겠습니다.

"전공 프로젝트를 하는 과정에서 있었던 갈등을 극복하고 좋은 성과를 얻은 경험이 있습니다. 인사조직론 과목의 조별 프로젝트를 할 당시 한 팀원에 대한 무임승차 논란이 있었습니다. 하지만 저는 그 학생의 경우 성격이 내성적이어서 적극적으로 의견을 개진하지 못하고 있는 것일 뿐이라고 판단했습니다. 그래서 조별 회의를 할 때 의도적으로 그 학생에게 의견 제시 기회를 자주 주고 작은 역할 부여에서 시작하여 점점 큰 역할을 맡겼습니다. 그러자 그 팀원의 기여도가 높아지면서 다른 팀원들의 오해도 풀렸고, 모두가 같이 협업하여 마지막 조별 발표까지 성공적으로 마칠 수가 있었습니다."

– 갈등 상황 편 참조

1. **Situation, Task:** 인사조직론 과목의 조별 프로젝트를 할 당시 한 팀원에 대한 무임승차 논란이 있었습니다.

2. **Action:** 저는 그 학생의 경우 성격이 내성적이어서 적극적으로 의견을 개진하지 못하고 있는 것일 뿐이라고 판단했습니다. 그래서 조별 회의를 할 때 의도적으로 그 학생에게 의견 제시 기회를 자주 주고 작은 역할 부여에서 시작하여 점점 큰 역할을 맡겼습니다.

3. Resuilt: 그러자 그 팀원의 기여도가 높아지면서 다른 팀원들의 오해도 풀렸고, 모두가 같이 협업하여 마지막 조별 발표까지 성공적으로 마칠 수가 있었습니다.

이처럼 지원자의 과거 경험을 설명해야 하는 상황에서 S-T-A-R 순으로 답하면 면접관이 결국 듣고 싶어 하는 이야기인 R(결론)과 그 결론을 뒷받침하는 명확한 경험적 근거(S, T, A)를 논리적으로 제시할 수 있습니다.

하지만 앞서 말했든 모든 답변을 STAR로 해야 되는 것은 아닙니다. 나잘남 씨 면접의 다른 질문을 통해 살펴보겠습니다. 아래 질문 중 STAR로 답변할 수 있는 질문은 무엇일까요?

"우리 회사에 대해 아는 대로 말씀해 보세요."

– 기업 분석(역량 질문)

"한 가지 상황을 가정해 보겠습니다. 지원자는 현재 교육(HRD) 담당자로서 과장 승진 과정을 운영 중입니다. 섭외한 외부 강사가 교육 시간이 다 되어도 나타나지 않아서 전화를 해보았더니 지원자 본인이 강사에게 교육 시간을 잘못 전달한 것이었습니다. 5분 후 교육을 시작해야 하는 상황이며 교육생들은 모두 자리에 앉아 있습니다. 어떻게 대처하겠습니까?"

– 직무 역량(역량 질문)

기업 분석 질문처럼 객관적 사실과, 사실에 근거한 본인의 생각을 묻는 질문에선 STAR 답변을 할 수 없습니다. 지식을 묻고 있는데 본인의 경험을 얘기할 순 없겠죠.

직무 역량 질문은 어떤가요? 이 질문의 경우 문항 자체가 STAR로 구성되어 있습니다. 질문이 S(상황)과 T(과제)로 구성되어 있고, 답변으로 A(내가 할 행동)와 R(기대되는 결과)을 요구하고 있습니다. 나잘남 씨의 대답에서 A와 R을 한번 찾아보겠습니다.

"먼저 교육생들에게 교육 일정이 조금 변경되어야 하는 상황임을 공지하고 양해를 구하겠습니다. 즉시 진행 가능한 과정부터 먼저 시작하고 이후 일정은 각 과정의 시작 시간을 재배치하여(A) 공백 시간을 최소화하겠습니다."(R)

이제 STAR가 어떤 질문에 유용한지 정리할 수 있을 것 같습니다. 첫째, 경험을 물을 때와 둘째, 상황을 가정한 질문에 답할 때입니다. 하지만 너무 STAR로 답변을 하고자 의식하면 오히려 부자연스러울 수 있습니다. 그러니 평소 많은 연습을 통해 자연스럽게 나올 수 있도록 해야 합니다.

PART2_
유동지 편

유동지 편

이번 하반기가 마지막이다. 만약 이번에 취업이 안 된다면 더 늦기 전에 공무원으로 방향을 바꾸려고 한다. 명문대까진 아니지만 취업 깡패라고 불리는 전자공학과에 진학할 땐 내가 취업을 못할 것이라고는 상상도 해 본 적이 없다. 그런데 지금은 '취업이 안 되면 어떡하지' 하는 생각을 매일 한다. 학점 나쁘고, 어학 연수 다녀온 적 없고, 공모전 나간 적 없고, 동아리 한 적 없고, 연구실에서 근무한 적 없고, 영어도 매우 못한다. 취업이 되는 것이 이상할 정도다.

그렇다고 해서 내가 대학 생활을 열심히 하지 않았나 생각해 보면 그것도 아니다. 전자공학과에 진학했더니 학업량은 얼마나 많고 또 다들 얼마나 열심히 하는지 남들 시험 끝났다고 놀 때도 나는 공부했는데 학점은 그냥 고만고만하게 나왔다. 결국 나에게 남은 것은 3점 초반대의 학점과 토익 700점. 그리고 졸업장. 이걸로 과연 취업이 될까?

설상가상 전자과의 취업 상황도 예전 같지 않다. 선배들을 보면 졸업만 하면 다들 S기업, L기업 입사해서 그게 당연한 줄 알았는데 지금 동기들 보면 중견 기업만 들어가도 감지덕지다. 뭐 상황 탓만 해서 어쩌랴. 이번이 정말 마지막이다 생각하고 최대한 지원을 해보는 수밖에. 다행히 얼마 전에 지원했던 디스플레이 회사에 서류를 통과하여 면접에 가게 되었다. 지금 내 수준에서 여기보다 좋은 회사는 가기 힘들 것 같다. 정말 마지막 기회이므로 꼭 잡아야 한다.

회사 소개가 아니라
자기소개 시간이다

#전공이스펙 #직무연관성 #입사후포부

면접관: 자기소개 한번 해 보세요.

유동지: 안녕하십니까. 한국디스플레이에 지원한 유동지입니다. 한국디스플레이는 LCD 시장을 선도하고 있으며, 기술적으로 진입 장벽이 높은 OLED 디스플레이 시장에서는 고해상도를 구현하고 소비 전력을 획기적으로 감소시키는 기술로 프리미엄 디스플레이 시장을 선도하고 있습니다. 한국디스플레이의 독보적인 기술 경쟁력과 새로운 기술 개발을 위한 도전 정신이 저의 가치관과 일치한다고 생각합니다. 디스플레이 공정 엔지니어로서 디스플레이 산업에 대한 이해와 전공 지식을 바탕으로 전체 공정 프로세스를 최적화하여 생산성 향상을 도모하는 엔지니어가 되겠습니다.

속마음이 궁금해요!

유동지: 최대한 무난하게 자기소개를 만들었다. 그리고 불리할 수 있는 학업에 대한 내용은 얘기하지 않았다. 학점도 낮고 별달리 대외 활동한 것도 없어서 회사에 대한 것 말고는 딱히 이야기할 것도 없다.

면접관: 회사 소개인지 자기소개인지 모르겠네. 직원인 나에게 회사 소개를 할 필요는 없는데.

이렇게 답해요!

안녕하십니까. 한국디스플레이 지원자 유동지입니다. 저의 강점은 디스플레이에서 만큼은 포기를 모르는 끈질김입니다. 디스플레이 전문가가 되겠다고 결심한 이후로 디스플레이만큼은 모든 것을 끝까지 파 보겠다고 결심했습니다. 학교 수업만으론 부족함을 느껴 외부 교육을 통해 디스플레이 공정 실습에 참여하여 LCD 셀 제조와 패터닝(Patterning) 실습에 참여했고, 이것도 부족하다고 느껴 교수님께 부탁드려 석사 과정 연구 수업에 3주간 함께 참여하기도 했습니다. 노력하는 사람, 즐기는 사람도 이기는 사람이 저처럼 끝까지 포기하지 않는 사람이라 생각합니다. 디스플레이 하나만큼은 끝을 보는 엔지니어가 되겠습니다.

기억하세요!

면접 단계까지 왔다면 학점 문제는 일단 통과되었다고 보아야 됩니다. 공대생이 낮은 학점을 지나치게 의식하면 아무런 강점도 주장할 수 없게 됩니다. 만약 면접관에게 지원자의 학점이 정말 문제가 된다면 이후 후속 질문에 있을 테니 그때 잘 대응하면 되는 일입니다. 자기소개에서는 자신감을 갖고 본인의 강점을 어필하기 바랍니다. 학점이 낮다고 하더라도 디스플레이 기업에 지원할 때는 그 이유가 있을 것입니다. 그 이유에서 강점을 찾아보기 바랍니다.

학점은 숫자에 불과하다

#학점은숫자일뿐 #근데중요한숫자 #그래도전공이해가핵심

면접관: 그런데 학점이 별로 좋지 않네요. 디스플레이 하나만큼은 끝까지 파 보겠다는 분치고는 학점이 좋지 않은 것 같은데 학점이 낮은 이유가 있나요?

유동지: 1, 2학년 때는 우선 다양한 경험을 해 보고 많은 인간관계를 겪어 보는 것이 중요하다고 생각해서 공부보다는 조금은 저 자신을 위한 시간을 보냈던 것 같습니다. 그리고 아르바이트를 하며 학업을 병행하다 보니 시간이 조금 부족했던 면도 있습니다. 그렇지만 3, 4학년 학점은 준수한 편이며 특히 디스플레이 관련 전공은 우수합니다.

속마음이 궁금해요!

유동지: 1, 2학년 때 놀지 말고 공부 좀 할 걸. 이 질문이 나올까 봐 걱정했는데, 망했다.

면접관: 무슨 말도 안 되는 변명을…….

이렇게 답해요!

네. 지적해 주신 것처럼 1, 2학년 때 학점이 특히 좋지 않아서 군 복학 후 많은 반성과 함께 절치부심하였습니다. 군 전역 후 진로를 디스플레이 엔지니어로 정한 뒤부터는 아르바이트를 하면서도 전공 과목은 놓치지 않고 학업에 매진했습니다. 특히 디스플레이 전공은 단순히 학점 취득을 목표로 하지 않고 공부하다가 제가 궁금한 내용이 해소되지 않으면 시험과 관련이 없더라도 교수님께서 피곤해하실 만큼 계속 질문을 여쭈며 공부했습니다. 또 기업이나 기관이 주관하는 디스플레이 세미나가 있다면 시간을 쪼개서 참석하며 기초 이론과 더불어 트렌드 감각도 유지하고자 했습니다.

기억하세요!

대답이 구차한 핑계가 되어서는 안 됩니다. 학점이 왜 좋지 않으냐라고 묻는다고 하여 어떤 이유 때문에 학점이 좋지 못하다고 답변을 하면 결국 핑계밖에 되지 않습니다. 면접관이 학점에 대해 묻는 이유는 첫째, 혹시 대학 생활을 게을리하지는 않았는지, 그래서 회사 생활도 게을리할 사람은 아닌지 확인하고 싶은 것과 둘째, 전공 이해도가 떨어져서 직무 습득력이 떨어지진 않을지 걱정되기 때문입니다. 따라서 면접관에게 해야 하는 답변은 학점이 조금 낮기는 하지만 대학 생활을 게을리한 것은 아니며 전공 이해도는 결코 낮지 않다가 되어야 합니다. 물론 그 근거도 제시되어야 합니다. 만약 실제로 전공 이해도가 낮아서 전공 면접에 잘 답변하지 못한다면 본 질문에 대한 대응과는 별개로 합격이 어려우므로 학점이 낮으면 전공 면접 준비를 더 열심히 해야 합니다.

지원 동기는
본업에서 찾아야 한다

#지원 동기 #왜이직무를 #왜이회사를

면접관: 우리 회사에 지원하게 된 동기가 있나요?

유동지: 네. 한국디스플레이가 지역의 환경 개선을 위한 봉사 활동과 지역 소외 계층을 위한 다양한 지원 활동을 하고 있는 것을 언론을 통해 접한 적이 있습니다. 수익을 내는 것도 당연히 중요하겠지만, 기업으로서 사회적 책임을 다하는 모습이 인상 깊었고, 저의 가치관에도 부합한다고 생각하여 한국디스플레이에 지원하게 되었습니다.

속마음이 궁금해요!

유동지: 자기소개서에 적었던 내용이고, 이 자기소개서로 서류 통과도 했으니, 이 지원 동기를 한 번 더 이야기해도 되겠지?

면접관: 우리 회사가 봉사 활동을 하고 있었나? 내가 모르는 것을 들키면 부끄러우니까 그냥 이 질문은 넘어가자.

이렇게 답해요!

전공 지식이 실제로 적용되는 사례를 알고자 한국 디스플레이가 선도하고 있는 OLED와 퀀텀닷 기술을 공부했던 적이 있습니다. 특히 OLED보다 안정성이 뛰어나고 저렴한 퀀텀닷 기술은 획기적이었지만 인체에 유해한 카드뮴을 사용하는 것이 문제가 되었습니다. 하지만 이에 굴하지 않고 친환경 프리 퀀텀닷을 개발해 낸 사례를 보면서 끝까지 도전하는 자세가 중요하다고 생각했습니다. 저 또한 생소한 디스플레이 분야를 끈질기게 공부해 지금 이 자리에서 면접을 볼 수 있었다고 생각합니다. 이런 자세로 입사 후에도 디스플레이에 대한 끊임없는 도전으로 글로벌 디스플레이 기술을 선도하는 엔지니어가 되고 싶습니다.

기억하세요!

유동지 씨처럼 지원 동기로 기업의 사회 공헌 활동을 언급하는 취업 준비생들을 종종 보게 됩니다. 기업이 사회적 책임을 다하는 것도 중요한 일입니다. 그렇지만 CSR 전담 직무 채용이 아닌 다음에야 사회 공헌은 주 업무가 아닌데, 그것을 주요 지원 동기로 언급하는 것은 채용 단계에서는 적절치 않습니다. 아마 면접관은 지원 동기가 없어서 적당히 둘러댄 지원 동기라고 생각을 하게 될 것입니다.

좋은 지원 동기는 회사에 대한 지원 동기와 직무에 대한 지원 동기가 함께 녹아 있어야 합니다. 본인이 왜 지원한 직무에 적합한 인재이며, 또 왜 이 회사여만 하는지를 증명할 수 있는 지원 동기가 가장 좋은 지원 동기입니다.

질문의 포인트를
오해하지 마라

#낚시그만 #미끼를물었어

면접관: 연구 개발을 지원하지 않고 생산 기술에 지원한 이유에 대해 말씀해 보세요.

유동지: 연구 개발은 주로 석사 이상을 채용하는 것으로 알고 있고, 학사 출신 연구원은 업무를 주도적으로 할 수가 없는 것으로 알고 있습니다. 그래서 업무 주도성을 가질 수 있는 생산 공정 엔지니어가 되려고 합니다.

면접관: 그럼 이번에 우리 회사 연구 개발에 지원한 학사 지원자들은 전부 수동적으로 일하려고 지원하는 건가요?

유동지: 아닙니다. 그분들 나름의 비전을 갖고 지원했다고 생각합니다만, 저는 생산 공정 엔지니어의 비전을 갖고 있습니다.

속마음이 궁금해요!

유동지: 학점이 좋지 않아서 대학원은 생각도 못 해봤고, 연구원은 왠지 공부를 많이 해야 될 것 같은데 공부는 이제 하기 싫다.

면접관: 석박사 연구원도 채용하지만 우리가 학사 출신 연구원도 채용하는 데는 이유가 있는 것인데, 유동지 씨가 말실수를 했네.

이렇게 답해요!

저는 대학에 진학했을 때부터 생산 기술 엔지니어가 되기를 희망했습니다. 물론 연구 개발도 매력적인 직무지만, 생산 현장에서 공정 문제와 씨름하고 개선하여 성과를 도출할 수 있는 엔지니어가 조금 더 매력적으로 느껴졌습니다. 특히 한국디스플레이가 지금 중국 업체들과의 치열한 경쟁을 이겨내기 위해선 생산 현장에서의 엄격한 수율 관리가 핵심이라고 생각하는데 현장에서 일익을 담당하고 싶습니다.

기억하세요!

질문에 방점이 찍힌 포인트가 어디인지 잘 판단해야 합니다. 이 질문의 방점은 왜 생산 기술에 지원을 했느냐이지, 연구 개발에 지원하지 않은 이유가 아닙니다. 생산 기술에 지원한 동기가 명확하다면, 그 자체로 연구 개발에 지원하지 않은 이유도 됩니다. 내가 지원한 직무가 무엇이며, 어떤 일을 하는 것인지, 그리고 왜 이 직무를 하고자 하는지를 스스로가 잘 알고 있어야 합니다.

❷ 커리어

낯선 환경에서도 잘 적응할 수 있겠다는 인상을 심어 주자

#지방근무 #친화력 #높은직무만족도

면접관: 서울에서만 쭉 생활해 왔네요. 서울 말고 다른 지역에선 살아본 적 없어요?

유동지: 네 초중고, 그리고 대학교까지 모두 서울에서 나왔으며 다른 지역으론 짧은 여행 외에는 가 본 적이 없는 서울 토박이입니다.

면접관: 우리 회사가 어디에 있는 줄 알죠? 서울에서 출퇴근할 수가 없는 거리에요. 지방에 와서 생활할 수 있겠어요?

유동지: 네, 물론입니다. 서울에서 오랫동안 살아왔기 때문에 오히려 다른 지역에서 살아 보고 싶은 마음이 더 큽니다.

속마음이 궁금해요!

유동지: 취업만 시켜 준다면 지역이 무슨 대수랴. 동서남북 끝까지

라도 갈 테니 붙여만 주세요.

면접관: 적응하지 못할 것 같은데…….

이렇게 답해요!

전자공학과에 진학할 때부터 이미 지방에서 사회생활을 하겠다는 결심을 내렸었습니다. 제가 하고자 하는 직무는 근무지가 지방에 있다는 것을 대학에 진학하는 시점부터 잘 알고 있었습니다. 제가 하고 싶은 일을 하는 것이 가장 중요하지, 지역이 어딘지는 제게 중요한 문제가 아닙니다. 또한 저는 사교성이 좋아 누구와도 금방 친해지기 때문에 낯선 곳에 가더라도 금방 새로운 인간관계를 구축해서 출근을 하지 않는 주말에도 즐겁게 지낼 자신이 있습니다. 제가 나온 과가 대형 과라서 인원이 100명이 넘어가지만 모르는 동기가 없을 만큼 두루두루 친하게 지낸 만큼 사교성은 자신 있습니다.

기억하세요!

면접관은 무엇을 우려하는 것일까요? 낯선 환경에 적응하지 못하여 퇴근 후 충분한 회복을 하지 못해서 번아웃(소진)되는 상황을 우려하는 것입니다. 번아웃은 퇴사로 이어지기 쉽기 때문에 회사가 가장 걱정하는 바입니다.

만약 일찍이 독립하여 부모님과 따로 살았거나, 교환 학생으로 다른 지역에서 거주한 경험이 있는 사람이라면 이 질문에 답변하기가 한결 수월했을 것입니다.

유동지 씨처럼 단 한 번도 장기간 출생지를 떠나 생활해 본 적이 없는 사람이 낯선 지역에서 적응하려면 어떻게 해야 할까요? 우선 일을 좋아해야 합니다. 좋아하는 일을 해야 낯선 환경에서도 빨리 적응할 수 있습니다. 그리고 새로운 인간관계를 빨리 구축해야 외로움을 덜 느끼고 개인 시간에 회복 탄력성을 높일 수 있습니다. 자 그럼, 어떻게 답변을 해야 하는지도 설명이 된 것 같군요.

직업관을 미리 생각해 두자

#직업도없는데 #직업관이라니 #유비무환

면접관: 만약 입사하고 언젠가 퇴사를 하게 된다면 그 퇴사 사유는 뭐가 될 것 같습니까?

유동지: 업무가 잘 맞지 않는다면 퇴사를 하게 될 것 같습니다. 업무가 잘 맞아야 즐겁게 일을 할 수 있기 때문입니다. 하지만 제가 희망하는 직무로 지원을 하기 때문에 그럴 일은 없을 것이라고 확신합니다.

면접관: 그럼 원하지 않는 직무로 회사가 발령을 내면 바로 퇴사하겠네요?

유동지: ······.

속마음이 궁금해요!

유동지: 면접관이 파 놓은 함정에 빠진 듯하다. 미처 답변을 준비하지 못한 질문이라서 실수한 것 같다.

면접관: 직업관이 뭐냐고 물어보면 답을 못할 테니 조금 돌려서 질문해 보았다.

이렇게 답해요!

만약 제가 더 이상 성장을 하지 못한다고 느낀다면 퇴사를 고려하게 될 것 같습니다. 제게 일이란 저와 제가 속한 조직을 한 단계 더 성장시키는 일이기 때문입니다. 만약 제가 더 이상 성장하지 못하는 순간이 온다면 아마 조직에도 더 이상 기여를 하지 못하는 순간일 것이라 생각합니다. 그때는 퇴사를 고려하는 것이 저와 조직을 위해서 옳은 선택일 것 같습니다.

기억하세요!

직장을 다니고 있는 사람 중에서도 명확한 직업관을 갖고 있는 사람이 많지 않습니다. 일을 시작하지 않은 구직자에게 직업관이 없는 것은 당연한 일일지도 모릅니다. 그렇기 때문에 미리 직업관을 생각해두지 않으면 이 같은 질문에 답하기가 힘듭니다. 나에게 일이란 어떤 의미를 갖는 것인지, 또 나에게 직장이란 무엇인지 미리 생각해 둘 필요가 있습니다. 또 공기업이나 공공 기관에 지원한다면 국가관과 공직자의 윤리관에 대한 정리도 필요합니다. 비단 면접 상황뿐 아니라 현업에 가서도 분명한 직업관, 직장관, 국가관, 윤리관은 일과 삶에 긍정적인 영향을 줄 것입니다.

다른 직무 경험도
성장의 기회로 활용하자

#로열티 #직무의지 #둘다포기못해

면접관: 만약 기술 영업 직무로 발령을 낸다면 할 생각이 있어요?

유동지: 네. 저는 공정 엔지니어뿐만 아니라 기술 영업도 잘할 자신이 있습니다. 오래전부터 귀사의 디스플레이 기술을 동경해 왔기 때문에 엔지니어 업무를 하지 못하더라도 직무와 상관없이 열심히 근무할 준비가 되어 있습니다.

속마음이 궁금해요!

유동지: 직무가 문제겠어? 구매, 인사, 재무 뭐든 시켜만 달라. 다 해 줄 수 있다.

면접관: 그래. 시켜만 준다면 무엇이든 하겠다 이것이군. 공정 엔지니어가 꿈이라고 한 자기소개서는 뻥이었네.

이렇게 답해요!

앞서 말씀드린 바와 같이 저는 최고의 디스플레이 전문가가 되겠다는 목표를 갖고 있습니다. 그래서 가장 희망하는 직무는 공정 엔지니어지만, 한국디스플레이의 기술 영업을 하게 된다면 고객의 관점에서 한국디스플레이의 기술을 이해할 수 있는 좋은 기회가 될 것이라 생각합니다. 기술 영업 담당자로서도 인정받으며, 최고의 디스플레이 공정 전문가가 되기 위한 커리어는 회사 내에서 저 스스로 만들어 가겠습니다.

기억하세요!

이 질문의 의도는 첫째, 회사에 얼마만큼의 로열티를 보일 것인지 확인하는 것과 둘째, 지원한 직무를 하고자 하는 의지가 얼마나 강한지를 확인하기 위함입니다. 만약 첫 번째 의도에만 충실한 답을 한다면 두 번째 의도에서는 벗어나는 대답을 하게 됩니다.

회사에는 많은 직무가 있는데 그 어떤 직무도 회사의 업(業)과 무관하지 않으며 사내 다른 직무들과 긴밀한 연관성을 갖고 있습니다. 그렇기 때문에 다른 직무로 업무를 시작하더라도 원하는 직무를 나중에라도 충분히 할 수 있으며 또 다른 직무를 경험한 것이 도움이 될 수 있습니다.

※귀사라는 표현은 사용하지 않기를 권해 드립니다. 대신 회사 풀네임을 말씀해 주세요.

성격의 단점 질문에는 능구렁이 전략을 구사하자

#안좋은패는 #보여주지말자

면접관: 본인 성격의 단점이 무엇이라고 생각하나요?

유동지: 일을 할 때 스트레스를 잘 받는다는 것입니다. 그래서 스트레스를 극복하고자 꾸준히 할 수 있는 취미 생활을 찾아서 스트레스를 그때그때 해소하고자 합니다.

면접관: 일을 할 때는 누구나 스트레스를 받지요. 그것 말고 진짜 단점이 뭔가요?

유동지: 실은 성격이 조금 급하여 실수할 때가 있습니다. 그래서 일을 할 때는 매일 업무 일정표를 작성하여 실수를 최소화하도록 하겠습니다.

속마음이 궁금해요!

유동지: 기껏 준비한 단점을 말했더니 다른 단점을 말하라고 해서 진짜 단점을 말했다. 당한 느낌이다.

면접관: 역시 유동지 씨는 성격이 급하군. 또 약간의 유도 질문에도 쉽게 넘어갈 정도로 순진하기도 하네.

이렇게 답해요!

면접관: 본인 성격의 단점이 무엇이라고 생각하나요?

지원자: 일을 완벽하게 하려다 보니 일을 하는 과정에서 스트레스를 받는 편입니다. 스트레스는 업무 효율을 저하시킬 수 있다는 점에서 분명 단점이기는 하지만, 적절한 스트레스는 업무 실수를 줄이는 장점도 있다고 생각합니다. 저의 성격이 장점으로만 발휘될 수 있도록 노력하겠습니다.

면접관: 단점이라고 하긴 조금 애매한데 그것 말고 진짜 단점 없어요?

지원자: 스트레스가 적절히 관리되지 못하면 업무 효율에 영향을 주기 때문에 단점이라고 생각하며, 앞서 말씀드린 대로 업무 실수를 줄이는 장점으로 발현될 수 있도록 하겠습니다. 죄송합니다만 당장 생각나는 다른 단점은 없습니다.

기억하세요!

직무상 도움이 되지 않는 단점은 가급적 말을 하지 않는 것이 좋습니다. 특히 성격상 단점은 어떠한 극복 방법을 제시하더라도 면접관은 믿지 않을 것입니다. 보여 주면 안 되는 패는 보여 달라고 해도 안 보여 줘야 합니다.

성격에 정답은 없다

#내성적vs외향적 #뭐시중한디

면접관: 본인은 내성적인 사람이라고 생각합니까, 아니면 외향적인 사람이라고 생각합니까?

유동지: 저는 외향적인 사람이라고 생각합니다. 처음 보는 사람과도 금방 친해지고 분위기를 편하게 만드는 재주가 있다고 생각합니다.

면접관: 말투나 느껴지는 분위기로는 내성적일 것 같은데 아닌가요?

유동지: 아닙니다. 면접이다 보니 지금 저를 조금 누르고 있습니다.

속마음이 궁금해요!

유동지: 내성적이라고 하면 불리할 것 같으니 외향적이라고 답변하자.

면접관: 내가 지금까지 면접 본 인원이 수백 명은 될 텐데 내 눈을 속이려 하네. 내성적인 성격이면 뭐 어때서 거짓말을 할까.

이렇게 답해요!

저는 내성적 성격입니다. 그래서 스트레스 기복이 적어서 반복되는 업무에도 집중할 수 있고, 또 새로운 일을 시작할 때도 외부 영향에 휘둘리지 않고 냉정하게 타당성을 확인할 수 있다고 생각합니다. 그리고 고객사 담당자나 내부 직원과도 진중한 관계를 유지하며 중요한 협조를 이끌어 낼 수도 있다고 생각합니다.

기억하세요!

면접관을 속이는 것은 어지간한 연기가 아니면 대단히 어렵습니다. 그 이유는 첫째, 면접관은 보통 긴 직장 생활을 통해 다양한 유형의 사람들을 접해 본 사람들입니다. 둘째, 누구든 작정하고 상대방을 파악하려고 들면 작은 비언어적 표현에서도 상대의 성향을 어느 정도 파악할 수 있습니다. 셋째, 면접은 긴 시간 동안 연속해서 여러 사람을 만나는 상황이기 때문에 면접관의 사람 보는 눈은 그 기능이 극대화되어 있는 상태입니다.

이런 면접관을 속여 보겠다고요? 안 됩니다. 내성적 성격이라면 내성적이라고 솔직하게 말하고 내성적인 성격의 강점을 강조하면 됩니다. 외향적 성격이 절대적으로 유리하다고 알려져 있는 영업 직무조차 내성적인 성격으로도 성공한 영업맨들이 많이 있습니다. 하물며 유동지 씨가 지원한 엔지니어는 말할 것도 없습니다. 내성적인 성격은 하나의 특징일 뿐 흠이 아니므로 감추지 말기 바랍니다. 만약 외향적이지 않으면 안 되는 직무라면 지원 직무 자체를 재고해야 합니다.

내 인생에 후회는 없다

#후회하지말고 #실패에서배우자

면접관: 살면서 가장 후회스러운 선택이 무엇이었나요?

유동지: 디스플레이 전문가가 되겠다는 목표를 정한 시점이 조금 늦었다는 점이 가장 후회스럽습니다. 반도체나 통신, 또는 네트워크 전공 수강을 줄이고 디스플레이 전공을 더 많이 들었어야 했는데 그러지 못했던 것 같습니다. 늦었지만 디스플레이 분야 공부를 독학으로 꾸준히 하고 있습니다.

속마음이 궁금해요!

유동지: 학점이 나쁜 것이 신경 쓰였는데 마침 질문 잘 받은 것 같다.

면접관: 그럼 대학 생활 중 유의미한 시간은 디스플레이 전공을 수강한 4학년 1학기 한 학기뿐이란 말인가?

이렇게 답해요!

제가 한 선택에 대해 여간해선 후회하지 않는 편입니다. 다만 대학 생활 동안 아쉬운 점이라면 1, 2학년 때 아르바이트에 너무 얽매여서 교양 과목을 좀 더 열심히 듣지 못했던 것이 아쉽습니다. 질문하신 바는 아니지만 반대로 제가 가장 잘 한 선택은 디스플레이 공정 엔지니어가 되기로 마음먹었던 것입니다.

기억하세요!

후회 경험 또는 실패 경험을 묻는 이유는 과거 경험에서 배우고 앞으로 나아갈 수 있는 인재인지 판단하기 위해서입니다. 그런데 실패한 경험과 달리 후회한 경험으로부터는 무언가를 배우기가 어렵습니다. 만약 무언가를 시도했다가 실패했다 하더라도 후회하기보다는 그 실패 과정에서도 무언가를 배울 수 있는 긍정적 태도가 더 중요합니다. 그러니 후회한 경험을 물었다고 하더라도 후회한 경험이라고 하기보다는 아쉬웠던 경험 정도로 민감하지 않은 사소한 주제를 얘기하는 편이 좋습니다.

면접관의 질문에
곧이곧대로 답하지 말자

#불금회식 #ㅠㅠ

면접관: 회식에 대해 어떻게 생각하세요? 회식은 업무의 연장인가요, 아닌가요?

유동지: 회식은 업무의 연장이 아니라고 생각합니다. 최근 노동법 개정안에 대한 고용노동부의 설명에서도 회식은 업무의 연장이 아님을 확인해 주었습니다. 회식은 마음 맞는 사람들끼리 편하게 해야 서로 부담이 없다고 생각합니다.

속마음이 궁금해요!

유동지: 법적으로도 회식은 업무의 연장이 아니고 하니까 당연히 업무가 아닌 것이지.

면접관: 아주 신세대구먼.

이렇게 답해요!

'회식도 업무의 연장이다'라는 표현은 어떤 관점에서 보느냐에 따라 오해의 여지가 있는 것 같고, 대신 회식은 필요하다는 답변을 드립니다. 물론 매일 하는 수준으로 회식이 지나치게 잦다면 피로가 누적되어 업무 효율을 떨어뜨릴 수도 있겠지만, 적절한 회식은 업무 시간에는 할 수 없었던 소통을 통해 서로 간 유대감을 쌓는 계기가 되고, 이것이 업무 효율로 이어질 수 있다고 생각합니다.

기억하세요!

회식의 경우 관리자와 신입사원의 생각이 첨예하게 다릅니다. 거짓말을 하는 것을 권하는 것은 아니지만, 회식처럼 입장 차이로 생각이 크게 다른 부분 만큼은 면접관의 입장을 존중할 필요가 있습니다. 조직마다 회식 문화가 각기 다르긴 하지만 관리자들은 대체로 회식의 필요성에 공감하는 편입니다. 자신의 생각을 밝히되 상대의 입장을 배려하는 답변이 필요합니다.

그리고 앞서 몇 차례 설명한 적이 있지만 면접관이 질문에서 제시한 선택지 안에서만 답변하려고 하면 좋은 답변을 하기 힘든 경우가 많습니다. 회식이 업무의 연장이냐, 연장이 아니냐만 생각하고 둘 중 하나를 정할 필요가 없습니다. 업무의 연장이냐고 묻는 건 질문의 형태일 뿐이고 면접관이 듣고 싶은 건 회식에 대한 본인의 생각입니다. 형태에 집착하여 본질을 놓치지 않도록 항상 조심해야 합니다.

인사 평가에 대처하는
바람직한 자세

#인사고과 #불만 #대응방법

면접관: 나름 일을 열심히 했고 성과도 냈다고 생각하는데 상사가 고과를 나쁘게 주면 어떻게 하겠습니까?

유동지: 열심히 한 것과는 별개로 성과가 상사의 마음에 들지 않았나 보다 생각하고 다음 년도엔 더 열심히 해서 기대에 부응하도록 하겠습니다.

속마음이 궁금해요!

유동지: 고과를 받아 봤어야 알지. 그리고 지금 고과 고민할 때가 아니다. 일단 취업이 되어야지.

면접관: 열심히 했는데도 성과가 나빴으면, 그다음 해에 똑같이 열심히 해도 똑같이 성과가 나쁠 것이 아닌가?

이렇게 답해요!

상사께 면담을 요청하여 제가 어떤 부분에서 목표에 미달했는지 여쭤보겠습니다. 당장의 고과가 바뀔 수는 없겠지만 부족한 부분을 제가 알아야 보완하여 더 발전할 수 있다고 생각하기 때문입니다.

면접 2주 전

기억하세요!

고과를 받아본 적이 없기 때문에 구직자들에겐 이 질문이 잘 와닿지 않을 수도 있습니다. 대학교의 성적 이의 제기 기간을 생각해보면 됩니다. 분명히 답을 잘 적어서 제출한 것 같은데 학점이 생각보다 나쁘게 나와서 교수님께 메일을 드리거나 찾아 뵌 적이 한 번쯤은 있을 겁니다. 특히 다음 학기에 같은 교수님께 수업을 또 들어야 한다면 찾아 뵙는 편이 좋다는 것을 모두 알 겁니다. 교수님이 중요하게 생각하는 포인트를 알아야 그다음 수업에서는 답안을 교수님께 맞춰서 적어 낼 수 있으니까요. 만약 학점이 낮게 나온 영문도 모른 채 그냥 인정해 버린다면 같은 교수님의 다음 전공과목에서도 좋은 학점을 받지 못할 확률이 높겠죠.

주량 앞에 솔직하자

#주량 #술고래선호? #주도가중요

면접관: 주량이 어떻게 되나요?

유동지: 대학교 1학년, 한참 마실 때 경험으로는 소주 다섯 병 정도는 문제없습니다.

면접관: 술주정은 없어요?

유동지: 네. 없습니다.

이렇게 답해요!

반 병 정도밖에 마시지 못합니다만, 술자리를 같이 즐기는 데는 전혀 지장이 없었습니다.

기억하세요!

과거 우리 기업들의 조직 문화에서는 주량도 중요한 면접 질문이었고, 답변이 당락에 영향을 주기도 했습니다. 하지만 근래 들어 우리 기업들의 음주 문화가 많이 바뀌었기 때문에 술을 못 마시는 사람에게까지 술을 강권하지는 않습니다. 그러므로 면접 때 술을 잘 마신다고 하거나, 또는 잘 못 마신다고 하여 특별히 불이익이 있는 건 아니기 때문에 큰 의미는 두지 말고 솔직하게 답변을 하면 됩니다.

다만 일부 주류 기업이나 영업 직무, 노사 직무처럼 사람과의 접촉이 많은 직무의 경우엔 주량이 중요할 수도 있습니다. 그 경우에도 주량에 대해선 솔직하게 답변을 하는 것이 좋습니다. 주량이 당락을 좌우할 만큼 중요한 포지션이라면 술이 약한 지원자는 입사하더라도 버티기 어려울 것입니다. 또 어떤 기업들은 음주 면접을 보기도 합니다. 인사팀 회식 자리에 지원자들을 불러서 회식을 같이하는 방식인데요. 술을 얼마나 많이 마실 수 있냐를 평가하는 것이 아니라 술자리에서의 예의와 태도 등을 보기 위함이므로 못 마시는 술을 억지로 마시다가 실수하는 일은 없길 바랍니다.

면접 단계까지 왔다면
인성 시험 결과가 나쁘지 않다는 것이다

#인성시험 #사회성부족 #분노자제

면접관: 인적성 결과 사회성이 부족하다고 나왔는데 왜 그렇게 나온 것 같습니까?

유동지: 인적성 결과가 왜 그렇게 나온지는 잘 모르겠지만, 저 스스로 사회성이 부족하다고는 한번도 생각해 본 적 없습니다. 친구도 많은 편이고 오래된 고등학교 친구들과도 아직까지도 연락하며 친하게 지내고 있고, 또 학과 교수님께도 간혹 안부를 여쭈며 가깝게 지내고 있기 때문에 제가 사회성이 부족하다고 생각하지는 않습니다.

속마음이 궁금해요!

유동지: 검사가 엉터리네. 내가 친구가 얼마나 많은데, 어떻게 결과가 이렇게 나온 거지.

면접관: 너무 발끈하는 걸.

이렇게 답해요!

몇몇 항목에 저의 주장을 강하게 하겠다는 식의 답변을 몇 개 하였는데 그 영향이 아닐까 생각합니다. 회사 생활에서 가장 중요한 것은 협업이지만, 필요할 때는 자기주장을 하는 것도 협업의 한 방법일 때가 있다고 생각합니다. 중요한 것은 나서야 하는 때를 아는 감각이라 생각합니다.

기억하세요!

요즘 많은 기업들이 면접에 앞서서 적성 검사와 더불어 인성 검사를 실시하고 있습니다. 간혹 인성 검사에서 특정 항목의 내용이 조금 나쁘게 나와서 면접에서 물어볼 때가 있습니다. 너무 당황하거나 긴장할 필요는 없습니다. 특정 항목의 결과가 조금 안 좋게 나오기는 했지만 신입사원이 되기에는 부족함이 없으므로 면접장에 올 수 있는 것입니다. 그러니 차분히 실제 경험을 들어 반론을 하거나, 일부 내용은 인정하되 동전의 양면처럼 반대되는 강점을 얘기하면 됩니다. 앞에서도 여러 차례 말씀드렸지만 변명하거나 발끈하는 답변은 좋지 않습니다. 지적한 문제점을 사실로 인정해 버리는 모양새가 되기 쉽기 때문입니다.

양자택일 질문의
숨겨진 함정에 조심하자

#양자택일 #함정조심 #둘다중요

면접관: 조직의 화합과 개인의 능력 중 어느 것이 더 중요하다고 생각하나요?

유동지: 조직의 화합이 더 중요하다고 생각합니다. 개인의 능력도 물론 중요하겠지만 회사의 일은 혼자 하는 것이 아닌 만큼, 화합이 되지 않으면 개인의 능력도 발휘될 수 없다고 생각합니다.

면접관: 그럼 능력 없는 개인들이 모여 있는 조직이 화합만 좋다고 해도 괜찮을까요?

유동지: 한국디스플레이에 직원들은 다 개인 능력이 있다고 생각하기 때문에 화합만 잘 되면 더 좋을 것 같습니다.

속마음이 궁금해요!

유동지: 첫 대답은 잘한 것 같은데, 두 번째 답변은 좀 실수를 한 것 같다. 그렇지만 달리 무슨 말을 해야 될지 모르겠다.

면접관: 그럼 우리 회사가 화합이 안 된다는 소릴 한 건가?

이렇게 답해요!

조직원의 능력 중 가장 중요한 능력이 화합할 수 있는 능력이라 생각합니다. 그렇기 때문에 조직의 화합과 개인의 능력은 양자택일할 수 있는 성질이 아니고 불가분의 관계라고 생각합니다. 능력 있는 직원들이 모인 조직은 화합이 잘 될 수밖에 없고, 화합이 잘 되는 조직은 능력 있는 직원들로 구성되어있을 수밖에 없다고 생각합니다. 저부터 동료들과 협력하여 시너지를 창출할 수 있는 자세를 갖도록 하겠습니다.

기억하세요!

정답이 없는 질문은 항상 신중히 답해야 합니다. 어떤 답을 하는지는 중요하지 않을 수도 있습니다. 중요한 것은 논리적 완결성입니다. 만약 허점을 보인다면 면접관은 그 허점을 지적할 것입니다. 특히 양자택일의 질문에서 한 가지를 골라 택하는 것은 면접관이 미리 준비한 함정에 뛰어들게 될 확률이 높습니다. 어떤 답이든 반박할 수 있는 준비가 되어 있을 테니까요. 만약 하나를 선택해야겠다면 반박 질문에 대해서도 논리적인 대처가 필요합니다. 다른 방법은 제가 제시한 '이렇게 답해요!'처럼 제3의 답을 내놓는 것입니다.

쉬어 가는 질문에도 유용한
답변을 할 수 있다

#좋은분위기 #망치지말자 #거짓말은하지말기

면접관: 취미가 뭔가요?

유동지: 독서입니다. 책을 좋아해서 쉬는 시간엔 주로 책을 읽는 편입니다.

면접관: 어떤 장르를 좋아하나요? 또 최근에 읽은 책이 무엇인가요?

유동지: 공대생이지만 책은 문학 책을 좋아합니다. 최근에 읽은 책은《데미안》입니다.

속마음이 궁금해요!

유동지: 그렇다.

면접관: 그렇군.

이렇게 답해요!

주로 움직임이 많은 스포츠를 좋아합니다. 직접 하는 것은 축구를 좋아하고, 관람하는 것으로는 야구도 좋아합니다. 취업 준비를 하다 보면 가끔 스트레스를 받을 때도 있는데 한 번씩 땀을 흘리는 것으로 스트레스를 해소하고 있습니다.

기억하세요!

독서를 좋아한다고 한 것이 마이너스가 되는 것은 아닙니다. 스포츠를 전혀 하지 않고, 독서를 실제로 좋아하는데 스포츠를 좋아한다고 거짓말할 필요는 없고 해서도 안 됩니다. 다만 동적인 취미와 정적인 취미를 모두 갖고 있다면 동적인 취미를 이야기하는 것이 조금 더 좋습니다. 더 흥미로운 후속 질문을 기대해 볼 수 있기 때문입니다. 예를 들어 야구를 좋아한다고 하면, "우리 회사에 야구 동아리가 있는데 합격하게 된다면 가입할 생각이 있느냐?", "좋아하는 야구 팀이 어디냐?" 등의 후속 질문을 받게 될 테고 유쾌한 분위기로 면접이 전개될 수 있기 때문입니다. 또 스포츠를 취미로 가지는 것은 체력이 좋다는 것과 적절한 스트레스 해소 수단이 있다는 뜻이 되기도 합니다. 단, 다시 강조하지만 진실일 경우에만 한해서입니다.

약점이 아닌
강점을 프레이밍하자

#프레이밍조심 #약점피하기 #강점만어필

면접관: 만약 이번 면접에서 떨어지게 된다면 어떤 이유 때문일 것 같나요?

유동지: 아마 제가 다른 지원자들에 비해 스펙이 부족하기 때문이 아닐까 생각합니다. 스펙이 부족하더라도 제가 갖고 있는 강점이 있는데 그것을 미처 다 전달하지 못한 것이, 만약 떨어지게 된다면 그 이유가 될 것 같습니다.

속마음이 궁금해요!

유동지: 학점이 조금 떨어지긴 하지만, 그렇다고 해서 전공 능력이 다른 지원자들에 비해 뒤처진다고는 생각하지 않는데, 이 점을 어떻게 알려야 할지 모르겠다.

면접관: 네. 정확합니다.

이렇게 답해요!

한국디스플레이가 최고의 디스플레이 기업인 만큼 오늘 면접까지 온 지원자들은 누가 되더라도 이상하지 않을 만큼 모두 훌륭한 실력을 갖췄다고 생각합니다. 만약 제가 떨어진다면 저보다 더 한국디스플레이의 인재상에 부합하는 지원자가 붙었을 것이라 생각하고, 제가 부족한 점이 무엇이었는지 고민하고 보완해서 다시 도전해 보겠습니다.

기억하세요!

본인의 약점을 굳이 본인 입으로 또 얘기할 필요는 없습니다. 심리학에는 프레이밍 효과라는 것이 있습니다. 한번 상대방을 어떤 틀로 인식하기 시작하면 그 틀이 점점 더 강화되어 다른 어떤 정보가 들어오더라도 그 틀 안에서 받아들이기 쉽습니다. 본인 입으로 낮은 학점이라는 약점을 프레임해 버리는 실수는 하지 말아야 합니다. 이 외에도 면접 단계에서 적용이 될 수 있는 심리학 효과에 대해서 간단히 정리해 보겠습니다.

1. 겉 맞추기 원리(Matching Principle)

사람들은 태도와 가치관이 유사한 사람을 더 좋아합니다. 면접관도 본인의 태도나 가치관과 유사한 사람을 더 좋아할 수밖에 없습니다. 오랜 시간 회사 생활을 한 면접관은 회사의 인재상을 본인의 가치관에 투영하고 있으므로 결국 회사의 인재상에 부합하는 태도와 가치관을 면접관에게 보여 주는 것이 중요합니다.

2. 기본 귀인 오류(Fundamental Attributional Error)

사람들은 어떤 사람이 한 행동의 원인을 찾을 때 사람들은 상황적 요소를 고려하기보단, 그 사람의 성격, 태도, 가치관 등 내부 성향에서 원인을 찾습니다. 면접은 이 같은 오류가 가장 심하게 발생할 수 있는 상황입니다. 면접은 지원자의 태도나 가치관을 알아내기 위해 과거의 행동에 대해 물어보고 그 원인을 개인의 내부 성향에서 추론하는 과정 그 자체이기 때문입니다. 그렇기 때문에 과거 경험을 설

면접 2주 전

명할 때 상황적 요소는 생략되고 면접관에게 내부 성향만 인식될 가능성이 높다는 것을 염두에 두어야 합니다.

3. 프레이밍 효과

코끼리를 생각하지 말라고 하면 코끼리가 더 생각나게 됩니다. 언어가 주는 연상 작용 때문입니다. 그래서 면접에서 사용하는 단어 하나하나에 신중해야 하는 것입니다. 선거에서 슬로건 하나가 선거 판세에 얼마나 큰 영향을 주는지 생각해 보면 프레이밍의 중요성을 쉽게 알 수 있습니다. 대표적인 예로 미국의 레이건 전 대통령이 사용한 "바보야, 문제는 경제야"라는 어구가 있습니다. 이 슬로건으로 선거 이슈를 경제 정책 대결 중심으로 바꿨고 결국 역전승한 사례가 있습니다. 면접에서도 마찬가지로 본인에게 유리한 프레이밍을 해야 합니다. 어떤 키워드를 무기로 프레임을 할지 깊은 고민이 필요한 이유입니다.

나의 경험을 결코
평가 절하하지 말자

#과거에서배우자 #후회는NoNo

면접관: 성적표를 보니 디스플레이 회사에 지원하면서 반도체 과목을 더 많이 수강했네요? 반도체 기업에 지원하지 않고 왜 디스플레이 회사에 지원했죠?

유동지: 그렇습니다. 저도 그 점이 조금 아쉽습니다. 이수한 과목 수가 많지는 않지만 디스플레이 전공 교과목은 열심히 했고 학점도 좋았습니다.

속마음이 궁금해요!

유동지: 가장 신경 쓰였던 질문이었는데 결국 물어보는군.

면접관: 반도체랑 디스플레이의 연관성에 대해 얘기할 줄 알았는데 의외군.

이렇게 답해요!

반도체와 디스플레이가 다른 영역이라고 생각하지는 않습니다. 제가 디스플레이에 관심을 갖게 된 것도 반도체 전공을 공부하다가 한국디스플레이가 우수한 기술력을 보유한 퀀텀닷에 흥미를 느꼈기 때문입니다. 퀀텀닷 기술은 LED 백라이트를 가진 LCD의 차세대 기술로 생각하여 계속 관심을 갖고 공부했습니다. 또한 디스플레이 패널도 결국 반도체이기 때문에 반도체 전공을 통해 쌓은 지식이 디스플레이 전공을 공부할 때도 많은 도움이 되었습니다.

기억하세요!

앞서 '후회한 경험 질문'과 유사한 의도를 가진 질문으로 과거의 시간을 후회한다거나 그 시간의 가치를 평가절하 하는 답변은 금물입니다. 면접을 보는 이 순간도 살면서 해 온 수많은 선택들이 모여서 만들어진 순간이므로 결코 의미 없는 선택은 없습니다. 과거 선택에서 무엇을 배웠는지를 스스로 알고 있는지가 중요한 것입니다.

학점이 낮다면 전공 면접은 꼭 잘 봐야 한다

#공부하자 #공부만이살길

면접관: 전공에서 배웠을 내용을 하나 질문하겠습니다. 휴대폰은 특정 주파수로만 신호(데이터)를 교환하면서 통신이 이루어지는데, 이때 특정 주파수를 쓰고 싶다면 어떻게 해야 하는지 설명해 주세요.

유동지: 죄송합니다. 그 부분에 대해선 잘 모르겠습니다.

속마음이 궁금해요!

유동지: 공부 좀 할 걸 그랬다.

면접관: 역시 학점이 거짓말을 하는 것이 아니야. 공부를 안 했군.

이렇게 답해요!

특정 주파수를 걸러 내기 위해서는 필터(Filter)를 사용해야 합니다. 필터에 대해 간단하게 설명드리면 LPF(Low Pass Filter)는 저역 통과 필터로 커패시터를 이용해 낮은 주파수를 통과시킵니다. HPF(High Pass Filter)는 고역 통과 필터로 인덕터를 이용해 높은 주파수를 통과시킵니다. 두 필터를 조합하여 BPF(Band Pass Filter)를 만들어 특정 주파수만 통과할 수 있게 만들 수 있습니다. (EX) 700MHz~720MHz

기억하세요!

전공 학점이 낮은 지원자일수록 전공 면접에 더 신경을 써야 합니다. 학점이 낮으면 전공 지식이 부족하진 않을까 하는 우려를 면접관은 할 수밖에 없습니다. 만약 전공 질문에서 답변을 하지 못한다면 면접관의 우려가 틀리지 않았음을 확인시켜 주게 될 것입니다.

　참고로 전공 질문을 반드시 전공 면접에서만 하는 것은 아닙니다. 인성 면접에서도 얼마든지 전공 질문을 할 수도 있고, 반대로 전공 면접에서 인성 질문을 할 수도 있습니다. 다만 가중치는 다릅니다. 당연히 전공 면접에서는 인성 질문보단 전공 질문이, 반대로 인성 면접에서는 전공 질문보다는 인성 질문이 가중치가 높을 수 있습니다.

회사의 나쁜 면을
언급하는 것은 최대한 피하자

#내가다닐회사 #까지말기 #면접관맘아픔

면접관: 우리 회사에 대해 최근 어떤 기사를 주로 접했나요?

유동지: 중국의 ○○공장 증설에 따른 위기설에 대한 내용을 많이 접했습니다.

면접관: 본인의 생각은 어떤가요?

유동지: 중국의 기술 추격이 생각보다 빨라서 대응이 늦은 측면이 있다고 생각합니다. 현재 중국의 기술 격차가 거의 없어진 수준이라는 이야기가 들리는데 다시 격차를 확보해야 한다고 생각합니다.

속마음이 궁금해요!

유동지: 요즘 한국디스플레이 이야기가 언론에서도 많이 나오고 있어서 그대로 이야기했다. 아마 틀린 내용은 아닐 것이다.

면접관: 언론에서 하는 이야기만 믿고 실제 판세가 어떻게 전개되고 있는지 정확히 파악을 하지는 못하고 있군. 그리고 좀 기분 나쁘게 이야기를 하네. 우리가 대응이 늦었다고?

이렇게 답해요!

우선 언론에서 보도되고 있는 내용은 위기를 과장한 면이 많이 있다는 것을 지적하고 싶습니다. 한국디스플레이의 기술력이 중국에 따라잡혔다는 말을 많이 합니다만, 한국디스플레이가 공식적으로 사실이 아님을 이야기했으며 현직에 계신 선배들 말을 들어 보아도 아직까지 중국과의 기술 격차는 존재하는 것으로 알고 있습니다. 다만 중국의 경쟁사들은 국가 보조금이 지원되고 있어서 비슷한 기술 수준이라면 경쟁에서 도태될 수 있다는 위기감이 느껴집니다. 중국이 절대 따라올 수 없는 격차를 확보하는 것이 가장 중요하다고 생각하고, 그래서 저 같은 새로운 엔지니어들의 역할이 굉장히 중요하다고 생각합니다.

기억하세요!

지원자는 회사의 나쁜 면을 언급하는 것을 피하는 것이 좋습니다.

이 질문처럼 가끔 면접관이 회사에 대한 부정적 평가를 유도하는 질문을 할 때도 있습니다. 또 '우리 회사의 문제점이 뭐라고 생각합니까?'처럼 직접적으로 물어볼 수도 있습니다. 면접관은 그 기업에서 오래 근무한 중역들이어서 로열티가 높기 때문에 회사에 대한 나쁜 평가를 달가워하지 않습니다. 외부에서 좋지 않은 평가가 있는 것으로 알고 있지만 이것은 오해에 불과하며, 오해조차 발생하지 않도록 더 발전하는 것이 필요하다는 정도로 이야기 하는 것이 좋습니다.

시킨 건 되든 안 되든
일단 시도는 하자

#하면된다 #못해도된다 #하는것이중요

면접관: 면접장까지 어떻게 왔는지 영어로 말씀해 보시겠어요?

유동지: 죄송합니다. 제가 영어 회화가 아직 부족해서……. 틈틈이 공부하여 업무를 할 때는 영어가 문제가 되지 않도록 하겠습니다.

속마음이 궁금해요!

유동지: 망했다.

면접관: 그래도 토익 700점이면 이 정도는 말할 수 있어야 되는 것

아닌가. 유창하게 말하길 바란 것이 아니고 기본적인 의사소통이 가능한지 정도만 확인해 보려 했는데, 지레 겁먹고 포기하다니……

이렇게 답해요!

서툴러도 어떻게든 영어로 대답합니다.

기억하세요!

영어가 반드시 필요한 직무에 지원한 지원자라면 당연히 영어 질문을 받아도 당황하지 않을 것입니다. 그러나 유동지 씨는 국내 기업 공정 엔지니어로 지원을 했기 때문에 영어 질문을 받게 되리라고는 전혀 생각지 못한 상태에서 갑작스레 영어 질문을 받으니 당황한 것입니다. 하지만 어떤 직무든 면접관이 예고 없이 영어 질문을 할 수도 있습니다. 자주는 아니더라도 가끔은 영어를 써야 할 일이 생길지도 모르기 때문입니다. 예를 들면 엔지니어에게는 업무 미팅 차 찾아온 외국 엔지니어와 간단한 의사소통 정도는 해야 할 일이 생길 수도 있습니다. 이때 필요한 영어는 유창한 영어가 아닙니다. 엔지니어들 간에는 기술적 용어만으로도 대략적인 소통이 가능하며, 중요한 포인트는 이메일을 통해 다시 확인이 가능하므로 어떻게든 본인의 의사를 표현할 수 있는 수준이면 충분합니다. 그러므로 면접관이 영어 질문을 한다면 자신이 없더라도 어떻게든 답변을 하는 것이 좋습니다. 토익 700점을 받을 수 있는 수준이면 충분히 대답할 수 있습니다.

실무자로서 당당하게 의견을
제시할 수 있는 자신감이 필요하다

#예비실무자 #실무자의자신감 #내가제일잘알아

면접관: 심혈을 기울인 기획안을 준비했는데 소속 팀장님이 납득할 수 없는 이유로 승인을 안 해 준다면 어떻게 하겠습니까?

유동지: 저보다 회사 생활 오래 하셨고 직무 경험도 많으시기 때문에 제가 알지 못하는 어떤 이유가 있을 것이라 생각하고 더 좋은 아이디어를 찾아보도록 하겠습니다.

속마음이 궁금해요!

유동지: 우리나라 조직 문화는 상명하복이지.

면접관: 그렇게 쉽게 포기한다고?

이렇게 답해요!

팀장 님께서 제 기획안의 어느 부분이 마음에 안 드시는지, 그리고 그 이유가 무엇인지 먼저 알아보아야 할 것 같습니다. 그래서 팀장 님의 의견을 반영하여 기획안을 보완하고 다시 보고 드리도록 하겠습니다. 만약 수정 보완으로 해결될 수 있는 문제가 아니고 아예 방향이 잘못된 것이라고 팀장 님께서 판단하고 계시다면 팀장 님의 판단을 존중해 드리는 것이 옳다고 생각합니다. 하지만 제가 만든 아이디어는 사라지는 것이 아니므로 이후 추후 활용될 수 있도록 지속적으로 보완해 놓도록 하겠습니다.

기억하세요!

과거에는 탑의 의사 결정으로 모든 조직원들이 일사분란 하게 움직이는 조직 문화를 선호했지만, 혁신하지 않으면 도태되는 요즘에는 직원 개개인의 창의성을 장려하는 조직 문화로 변해 가고 있습니다. 그렇기 때문에 상사의 의견에 복종하겠다는 자세보다는 직무 전문가로서 필요한 의견을 적극적으로 개진할 수 있다는 태도를 보여 주는 것이 중요합니다.

면접관은 지원자의 각오를 쉽게 믿지 않는다

#각오보다는 #과거경험으로증명

면접관: 지원한 직무는 처음 입사하면 1년 정도는 교대 근무를 합니다. 생활이 불규칙해질 텐데 체력적으로 자신 있어요? 약해 보이는 체형이라서 물어보는 것입니다.

유동지: 저는 예전부터 축구를 좋아해서 많이 했었기 때문에 체력적으로는 크게 문제가 없습니다. 교대 근무도 자신 있습니다.

속마음이 궁금해요!

유동지: 교대 근무를 한다고? 이건 처음 듣는 이야긴데? 아무튼 뭐든 무조건 할 수 있지, 왜 못해.

면접관: 그래. 누구나 처음엔 자신 있다고 이야기를 하지.

이렇게 답해요!

교대 근무를 해본 적은 없지만 조별 프로젝트를 할 때나 시험 기간에 자주 밤을 샜는데도 일상생활에 전혀 지장이 없었습니다. 특히 군에서 제 임무 특성상 야간 운전이 많았는데 한 차례도 사고를 낸 적이 없었고 간부들의 신뢰를 받았습니다. 체력적으로도 보시는 것과 달리 운동을 꽤 잘해서 고등학교 때는 학교 축구 대표로 대회에 출전한 적도 있습니다. 그리고 이런 체력적 조건을 다 떠나서 교대 근무를 하게 되면 공정의 전 과정을 지켜볼 수 있는 기회라고 생각하기 때문에 꼭 하고 싶습니다.

기억하세요!

면접관은 지원자의 각오를 믿지 않습니다. 각오는 얼마든지 꾸며낼 수 있기 때문입니다. 그렇기 때문에 과거의 경험으로 각오가 거짓이 아님을 증명을 해 주어야 합니다. 엔지니어의 경우 현장 이해와 조직 적응 차원에서 입사 초기에 교대 근무를 시키는 기업도 있습니다. 교대 근무를 하면 근무 시간이 매주 변동되어 체력적인 부담이 있습니다. 따라서 교대 근무를 하더라도 체력적으로 문제가 없다는 근거를 과거 경험으로 명확히 제시해 주는 것이 좋습니다.

추상적 표현을 사용했다면
반드시 부연 설명이 필요하다

#추상적표현으로 #통치지말기 #자세한설명필요

면접관: 학교에서 했던 프로젝트 중에 기억에 남는 프로젝트에 대해 설명해 보세요.

유동지: 종이 다리 만들기 프로젝트가 기억에 남습니다. 불량 원인을 파악하고 분석하여 최적화를 만들어 가는 공정 엔지니어의 기본을 경험하는 과정이었습니다. 이 프로젝트의 목표는……

면접관: (말을 끊으며) 네. 어떤 프로젝트인지는 다른 지원자에게도 들은 적이 있어서 시간 관계상 말을 좀 끊었습니다. 이 프로젝트에서 유동지 씨는 어떤 역할을 하셨죠?

유동지: 팀원들의 의견을 조율하는 역할을 하였습니다. 참여자들

각자의 전공이 달랐기 때문에 문제 해결을 위한 접근 방식 또한 달라서 다양한 의견이 나왔습니다. 저는 이 의견을 조정하여 의견을 합치시키는 역할을 주로 하였습니다.

면접관: 주도적으로 한 역할은 따로 없나요?

유동지: 네. 이때는 의견을 주도하기보다는 주로 중간자 역할을 많이 했습니다.

속마음이 궁금해요!

유동지: 조율을 했다니까 왜 자꾸 꼬리 질문을 하는 거야.

면접관: 한 일이 없다는 거네.

이렇게 답해요!

팀원들의 의견을 조율하는 역할을 하였습니다. 참여자들이 각자 전공이 달라서 문제 해결을 위한 접근 방식 또한 달랐습니다. 그래서 우선 역할을 배분하여 모두가 주도적으로 업무를 추진하도록 했습니다. 예를 들어 건축공학과 학생에게 설계를 맡겼으며, 저는 적절한 종이 소재 발굴에 집중했습니다. 그리고 최종 최적화 단계에서는 모두의 머리를 모았습니다. 이처럼 각 분야 전문가들이 본인의 전문성을 발휘해야 할 때도 있고, 또 때에 따라서는 여러 분야 전문가들이 머리를 모아서 시너지를 창출해야 할 때도 있다는 것을 배웠습니다.

기억하세요!

유동지 씨의 답은 추상적이었기 때문에 결국 아무 역할도 하지 않은 것처럼 들리게 됩니다. 조율을 했다고 하면 구체적으로 어떤 조율을 했는지 밝혀 주어야 면접관이 믿을 수가 있습니다. 그리고 일반적으로 면접관들은 팔로워 역할만 무난히 할 줄 아는 신입사원보다는 때에 따라서는 주도성을 발휘할 수 있는 신입사원을 선호합니다.

정답보다는 논리적 사고력을 보여 주는 것이 중요하다

#구글면접 #창의성 #논리력

면접관: 지구가 멸망했습니다. 지구를 탈출할 수 있는 우주선의 탑승 인원은 네 명뿐입니다. 본인을 제외하고 세 명을 더 태워서 탈출할 수 있는데요. 의사, 임산부, 어린아이, 과학자, 요리사, 개그맨 중에 세 명을 태워야 합니다. 누구누구를 태우겠습니까?

유동지: 임산부와 의사, 과학자를 태우겠습니다. 그 이유는 의사가 타야 나머지 사람들의 병을 고칠 수 있기 때문이고, 그리고 과학자는 음……. (횡설수설)

속마음이 궁금해요!

유동지: 뭘 알고 싶은 것인지 모르겠다. 정답이 있을 것 같은데 면접관의 표정을 보니 내가 잘못된 답을 한 것 같다.

면접관: 논리적인 답변을 듣고 싶은데 당황했는지 횡설수설하는군.

이렇게 답해요!

우선은 임산부를 태우고, 의사와 과학자를 태우겠습니다. 임산부를 선택한 이유는 한 명의 생존자를 더 살릴 수 있는 방법이기 때문이고, 과학자를 선택한 이유는 과학 문명을 처음부터 다시 시작하기 위해선 과학자의 지식이 필요하기 때문입니다. 마지막으로 의사를 선택한 이유는 나머지 세 사람의 건강을 챙겨 줄 사람이 필요하기 때문입니다.

기억하세요!

과거에 구글이 이 같은 입사 문제를 제출했다고 합니다. '맨홀 뚜껑이 둥근 이유는?', '한 남성이 호텔로 차를 들이박아 전 재산을 잃었다. 왜일까?', '시곗바늘은 하루 몇 번 동안 겹칠까?' 같은 질문이죠. 이런 질문의 의도는 지원자의 창의성과 논리력을 시험하는 것입니다. 정답은 없기 때문에 애써 답을 찾으려 할 필요는 없습니다. 차분하게 본인의 생각을 결론부터 제시한 다음 나름의 근거를 논리적으로 설명하면 됩니다.

기업의 업무 프로세스를 이해하자

#알고보면 #지극히상식 #무조건희생은봉사 활동

면접관: 생산기술팀으로 배치 받아서 근무하던 중에 급한 업무를 다 마쳐서 시간이 좀 남은 상황이라고 가정합시다. 그때 다른 부서인 생산관리팀의 과장이 갑자기 유동지 씨에게 어떤 업무를 시킨다면 어떻게 그 업무를 진행하겠습니까?

유동지: 업무를 일찍 마친 상태이고 시간이 남는다면 기꺼이 다른 부서의 업무도 도와드리겠습니다.

면접관: 유동지 씨의 업무와 별로 상관이 없는데도요?

유동지: 네. 업무가 다르다 할지라도 같은 기업의 동료로서 도와드릴 수 있다고 생각합니다.

속마음이 궁금해요!

유동지: 내 일이 아니더라도 기꺼이 돕는 희생정신이 회사에서 중요할 거야.

면접관: 무조건 도와주는 것이 능사가 아닌데 오지랖이 심하군.

이렇게 답해요!

네. 물론 제가 여유 있는 상태라면 기꺼이 도와드릴 수 있다고 생각합니다. 다만 과장 님께 저희 팀장 님의 허락을 받은 후에 도와드리겠다고 먼저 양해를 구한 후 팀장 님께 여쭤 보도록 하겠습니다. 그런데 그 전에 다른 부서의 일을 도와드릴 여유가 안 생길 만큼 일을 계속 찾아서 하도록 하겠습니다.

기억하세요!

회사의 업무 프로세스를 어느 정도 이해하고 있는지 물어보는 질문입니다. 질문의 의도를 희생정신이나 배려심을 묻는 것으로 혼동한다면 유동지 씨처럼 잘못된 답변을 하게 됩니다.

회사에서 생산기술팀의 유동지 씨를 가장 효율적으로 활용하는 방법은 유동지 씨의 전문 분야인 생산 기술 일을 시키는 것입니다. 생산 기술 전문가인 유동지 씨가 생산 기술이 아닌 다른 일을 해야 한다면 합당한 이유가 필요합니다. 그 이유가 합당한지는 신입사원이 판단하기 어려우므로 소속 팀장에게 해당 사실을 보고하고 팀장의 결정에 따르는 편이 좋습니다.

포트폴리오가 있다면
제출 타이밍을 잘 맞추자

#눈치껏 #센스필요 #자신없으면 #하지말기

면접관: 네. 그동안 면접 보느라 고생하셨습니다. 그만 가 보시기 바랍니다.

유동지: 면접관님, 제가 예전 학교 프로젝트를 통해 세계 디스플레이의 기술 동향과 한국디스플레이의 대응에 대한 자료를 준비한 적이 있었는데 이 자료를 전달해 드려도 괜찮을까요?

면접관: 네. 주세요.

속마음이 궁금해요!

유동지: 면접을 잘 못 본 것 같긴 하지만, 그래도 이왕 준비했으니 전달은 하자.

면접관: 의지가 가상하긴 한데, 이미 불합격 판단을 해 버렸는데

124

어떡하지.

기억하세요!

포트폴리오를 제출해야 하는 직무가 아니더라도 잘 준비된 포트폴리오가 있다면 면접 때 면접관에게 전달하는 것도 나쁘지 않습니다. 단, 어설프지 않아야 합니다. 현직자의 눈으로 보면 대학생들이 작성한 자료는 여간해서는 모두 어설퍼 보인다는 사실까지 감안해서 자신이 있을 때만 포트폴리오를 제출하기 바랍니다. 유동지 씨의 경우 포트폴리오를 준비한 것은 나쁘지 않았지만 타이밍이 좋지 않았습니다. 면접이 종료되면 이미 합격, 불합격 판단이 끝난 상태일 확률이 높은데, 이때 포트폴리오를 제출하더라도 면접 결과에 영향을 미치지 않을 것입니다. 면접 중반 이전에 적절한 기회를 보아서 전달하기 바랍니다.

스펙이 변변찮은 예비 엔지니어 유동지 씨를 위한 면접 솔루션

학점이 좋지 못한 지원자들이 흔히 하는 실수가 전공에 대한 내용을 가급적 언급하지 않는다는 것입니다. 영업이나 경영 지원 부서에 지원하는 인문학 계통 전공자라면 어차피 면접에서 전공 이야기를 할 상황이 많지는 않을 것입니다. 그런데 공학 계열 전공자가 공정 기술 계통의 직무에 지원하면서 전공 언급을 피하게 되면 면접에 합격할 수가 없으므로 학점이 낮더라도 당당하게 정면 돌파해야 합니다. 유동지 씨처럼 스펙이 변변치 않은 엔지니어 지원자가 면접에 어떤 전략으로 임해야 할지 좀 더 자세히 살펴보겠습니다.

1. 나의 경험을 과소평가하지 않는다

학점이 낮은데도 서류 통과를 하고 면접 기회를 얻었다는 것은 낮은 학점을 커버할 만한 잠재력을 지원자의 어떤 경험을 보고 확인했다는 것입니다. 그러므로 자신의 경험에 자신을 가지고 솔직하게 면접에 임하면 됩니다. 어떤 경험이든 본인 스스로가 중요한 경험이라고 판단을 하고 자신 있게 설명할 수 있으면 중요한 경험이 되는 것입니다. 꼭 해외를 나가거나 해외 저널에 논문을 기재한 정도가 되어야 면접에서 말할 만한 경험이 되는 것이 아니므로 위축되지 맙시다. 믿거나 말거나, 구두닦이 아르바이트를 할 때의 사연으로 면접관을 감동시켜 2점 초반대 학점임에도 대기업에 합격한 사례도 있습니다.

2. 전공 지식이 부족하면 안 된다

기업들이 채용 전형에서 학점을 중요하게 생각하는 이유는 첫째, 성실성의 척도로 보기 때문이며, 둘째, 전공 지식을 얼마만큼 알고 있는지 확인하기 위함입니다. 그러므로 학점이 낮은 지원자는 면접 답변을 통해 성실함과 전공 지식을 증명해야 합니다. 성실함은 인성 면접의 답변을 통해 증명하면 되고, 전공 지식은 전공 면접 답변으로 증명한다면 낮은 학점의 불이익을 얼마든지 극복할 수 있습니다. 만약 면접 질문을 통해 충분한 전공 지식을 갖추고 있는 것이 확인만 된다면 굳이 학점을 볼 필요가 없기 때문입니다. 그리고 학점이 낮으면 전공 질문을 다른 지원자보다 더 많이 받을 가능성이 있습니다. 그러므로 전공에 대한 일반적인 이론이나 법칙을 숙지하고, 기출 문제 정보를 수집하여 미리 공부해야 합니다.

3. 직무 지식과 관심을 적극적으로 어필한다

학점이 낮더라도 엔지니어의 강점은 기본적으로 직무 지식에 있어야 합니다. 학점이 낮다고 하여 위축되면 어떤 답도 하지 못하게 됩니다. 학점 때문에 위축된 지원자들은 자기소개서 작성 단계에서부터 어려움을 겪습니다.

"제가 이것을 안다고 말을 해도 괜찮을까요?"
"학점이 낮아서 거짓말처럼 보이지 않을까요?"
"이 주제로 질문을 받으면 답할 자신이 없어요."

자기소개서에서든 면접에서든 아는 것은 당당하게 안다고 주장해야 하고, 또 실제로도 알아야 합니다. 그렇지 않고서야 어떻게 합격을 할 수 있을까요? 모른다면 면접 볼 때까지라도 최대한 공부를 하면 되는 것입니다. 피하려고 하지 말기 바랍니다.

[부록 2-2]
지원자들이 흔히 하는 면접 오해 바로잡기

1. 자기소개는 튀어야 한다. (X)

자기소개를 튀게 준비해야 되냐는 질문을 많이 받습니다. 어떤 의미로 튀는 것인지가 중요합니다. 본인의 강점이 드러나서 튀는 것이라면 얼마든지 튀어도 좋습니다. 그런데 자극적인 단어나 특이한 형식(노래, 율동)으로 튀는 것이라면 말리고 싶습니다. 보통 면접에서 본인에게 주어지는 시간은 15분 정도 됩니다. 고작 자기소개 1분에 운명을 베팅하지 말기 바랍니다.

2. 첫인상이 면접 결과에 큰 영향을 준다. (O)

면접장 문을 열고 걸어 들어오는 지원자를 보자 마자 뽑을지 말지 판단이 선다는 얘길 하는 면접관들이 많습니다. 오랫동안 사회생활을 하며 쌓은 연륜이 있어서 사람을 보는 것에 그만큼 자신이 있다는 이야기인데요. 그 판단이 정확한지 여부는 별개로 하고 첫인상이 면접관의 판단에 영향을 주는 것은 사실입니다. 그렇지만 전혀 신경 쓰지는 마십시오. 어차피 지원자가 단시간에 할 수 있는 것은 단정한 복장 정도가 전부니까요.

3. 자기소개서는 면접 단계에서는 영향을 미치지 않는다. (X)

어떤 회사는 정해진 질문에 따라 꼬리 질문을 하는 구조화 면접을 진행하므로 자기소개서를 면접에서는 활용하지 않는 경우도 있습니다. 그런데 대부분의 회사는 자기소개서를 기반으로 면접 질문을 합니다. 여러분들이 자기소개를 하는 동안 면접관들이 고개를 숙이고 뒤적이고 있는 종이가 바로 여러분의 자기소개서입니다. 질문거리를 찾고 있는 것이죠. 그러므로 자기소개서에 적은 내용에 대해선 예상 가능한 질문 리스트를 준비하여 철저히 대비해야 합니다.

4. 거짓말을 해도 면접관은 모를 것이다. (X)

질문에 마땅한 답이 없을 때 거짓말로 경험을 지어내는 경우가 있는데요. 면접관이 모를 리가 없습니다. 지원자가 거짓말을 하는 것인지 진심을 이야기하는 것인지 작정하고 파악하려는 상대를 속일 방법은 없습니다. 지원자도 작정하고 면접관을 속이려 하더라도 면접은 면접관에게 유리한 판이므로 지원자가 이길 수 없습니다. 그러니 지원자 본인의 실제 경험 안에서 답변하기 바랍니다. 거창한 경험이 중요한 것이 아니라 아무리 사소한 경험이라도 그 경험을 통해 보여 줄 수 있는 태도(Attitude)가 중요하므로 경험을 지어낼 이유가 없습니다.

5. 면접을 잘 보기 위해선 유창한 스피치 능력이 필수다. (X)

유창한 스피치 능력이 필요한 직무도 있습니다. 전문 프리젠터라면 스피치 역량이 절대적 기준이 될 것입니다. 하지만 대부분의 직무에선 스피치 역량이 뛰어나면 더 좋겠지만 지원자들이 걱정하는 만큼 면접관들이 스피치를 중요하게 생각하지는 않습니다. 면접관들은 말의 유창성보다는 그 내용을 훨씬 더 중요하게 봅니다. 조금 더듬어도 괜찮고, 조금 떨어도 괜찮습니다. 그러니 스피치를 지나치게 의식하지 말고 내용에만 집중하기 바랍니다.

PART3_
다이룸 편

다이룸 편

나는 퇴사했다. 회사를 그만두는 데에 수백 가지 이유가 있겠지만 인터넷으로만 보던 일들이 실제로 일어났다.

첫 번째가 워라밸. JH그룹 전략기획팀에서 일했던 시간은 월화수목금금금의 연속이었다. 매일 똑같은 내용의 보고서를 팀장, 상무로 올라가면서 문구만 바꾸었다. 보고서는 워딩(wording)이 중요하다는 말을 귀가 따갑도록 들으면서 말이다. 그리고 회식은 내일 당장 죽는 것처럼 술을 마시고 그것을 매일 반복한다. 이제는 달달 외울 수 있는 팀장 님의 보고서 무용담이 주요 안주거리다.

두 번째는 상사와의 불화. 어디를 가나 기존의 틀에 얽매어 '옛날에는'을 반복해서 훈계하고 강요하는 사람들이 존재한다. 취업 전형과 인재상에는 창의성이 빠지지 않는데 막상 입사하면 그런 것들은 가슴속에 묻어 두고 예스맨이 되어야 하루가 평온하다. 난 괜한 사명감에 혁신을 주장하다 또라이로 찍혀 버렸다. 취업이 어렵다고는 하지만 처음 도전했던 공채에서 4승이었다. 코피를 쏟아가며 학점과 토익 점수를 올리고 대외 활동과 인턴도 꾸역꾸역 했던 것에 대한 보상이었다. 고르고 골라 간 대기업이 이런 실망감을 줄지는 몰랐지만 말이다. 이제 다시 도전해야 한다. 조금은 두렵지만 이번에도 선택권은 나에게 있다는 것을 확신한다.

면접 2주 전

실무 경력이
최고의 스펙이다

#소개는자기자랑 #스펙이깡패 #안뽑으면후회함

면접관: 간단하게 자기소개를 해 보세요.

다이룸: 안녕하세요. 진두상사로 지원한 다이룸입니다. 지난 1년 간 JH그룹 전략기획팀에서 근무할 당시 10여 건의 사업에서 매출을 20% 증대시키는 성과를 거두었습니다. 이러한 경험을 바탕으로 진 두상사가 성장하는 데에 보탬이 될 것이라 확신합니다.

속마음이 궁금해요!

다이룸: 다른 지원자가 없는 경력이 있으니 이걸로 세게 밀어붙이 자. 매출을 증대시켰다는 숫자를 언급하면 면접관도 한번에 마음에 들어 할 거야.

면접관: 처음부터 조금 공격적이지만 매출을 증대시킨 성과는 눈

여겨볼 만하네. 그래도 처음부터 다른 회사의 경력을 말하는 것은 짧은 기간에 이직한 것에 대한 안 좋은 인식도 생기고 약간 부담스럽군.

이렇게 답해요!

안녕하세요. 진두상사로 지원한 다이룸입니다. 두 가지 역량으로 성과를 내겠습니다. 먼저 프랑스어로 회화가 가능하고 문화에 익숙하므로 유럽으로 시장을 확대하려는 진두상사에 필요한 글로벌 역량을 갖추었다고 생각합니다. 또한 전략 기획 직무에서 근무했던 경력을 바탕으로 신규 사업 진출에 수반되는 시장 조사에서 성과를 내겠습니다. 이 두 가지 역량으로 진두상사에 필요한 상사맨이 되겠습니다.

기억하세요!

경력을 가지고 있으므로 다른 지원자와 차별화시킬 수 있는 포인트를 강조하는 것은 바람직합니다. 하지만 처음부터 금액이나 숫자를 언급하면서 서두를 필요는 없습니다. 경력을 보유한 지원자에게 면접관이 궁금한 것은 그 경력에 대한 것이므로 성과에 대해 언급할 기회는 충분할 것입니다. 차분하게 질문을 유도할 수 있도록 경력을 살짝만 언급하고 간략하게 자기소개를 마무리하는 것이 좋습니다. 경력이 있기 때문에 자기소개 단계에서 상징어나 별명 등을 언급하는 무리수는 괜히 두지 않아도 됩니다.

❷ 커리어

퇴사한 회사는 고향이자
또 다른 시작을 위한 발판이다

#긍정적인답변 #검증된인재 #회사는다똑같다

면접관: 지난 회사를 그만두게 된 이유가 무엇인가요?

다이룸: 회식이 많은 기업 문화와 맞지 않았습니다. 주 1회 정도는 괜찮은데 주 3~4회 이상의 회식에 야근까지 더해지니 체력적으로 많은 부담이 되었습니다. 또한 논리적인 근거를 기반으로 보고서를 작성하여 사업에 대한 의사결정을 진행하기보다는 보고 상황이나 인적 네트워크에 따른 보고서를 작성하는 것도 힘들었습니다.

속마음이 궁금해요!

다이룸: 회식을 주 3~4회 하는 것은 누가 봐도 많은 횟수이니 그에 대한 불만은 면접관도 납득할 거야. 그리고 보고서의 사실성을 기반으로 하는 것으로 나의 진실성과 논리성을 강조하여 장점으로

어필하자.

면접관: 지나친 회식이나 비논리적인 보고서 작성 사례는 충분히 불만을 가질 만한 사유가 된다. 하지만 분명 배우고 도움을 받았던 부분도 있었을 텐데, 자신이 몸담았던 회사를 너무 좋지 않게 평하는 것은 그다지 좋게 보이지는 않는군.

이렇게 답해요!

전략 기획 직무 특성상 보고서 중심의 업무가 많았습니다. 물론 사업 분야의 매출과 성과를 명확히 해서 경영진에 보고하고, 그에 따른 의사 결정을 이끌어 내는 일도 중요합니다. 하지만 현장에서 프리젠테이션을 하고 실제 계약을 성사시키는 업무를 수행하는 것이 적성에 더 적합하다고 생각했습니다. 이전에 경험했던 보고서 작성 경험을 통해 보다 수준 높은 현장 프리젠테이션을 준비하여 필요한 사업의 계약을 성사시켜 나가겠습니다.

기억하세요!

아무리 명확하고 논리적이라고 할지라도 이전 회사를 부정적으로 말하는 것은 좋지 않은 답변입니다. 또 직무가 개인의 성향과 맞지 않아서 퇴사했다는 말도 곤란합니다. 지원하는 회사도 사정에 따라 개인이 원하지 않는 직무나 업무를 맡길 수 있기 때문입니다. 대신 현재 지원한 직무가 적성에 맞고 잘할 수 있는 업무라는 것을 강조해야 합니다. 덧붙여 이전에 수행했던 업무가 현재 지원한 업무를 수행하는 데에 도움이 돼서 새로운 직무를 더 잘 수행할 수 있다는 말로 풀어낸다면 좋은 답변이 될 것입니다.

협업은 강제성이 없어야 되고 성과가 나야 한다

#smooth한협업 #같이하는리더십 #Boss아닌leader

면접관: 지난 회사에서 타 부서 간 협업을 통해 성과를 냈던 경험이 있으면 말해 보세요.

다이룸: 이전에 맡은 업무는 경영진 회의에서 각 사업에 대한 지속 여부를 결정할 수 있도록 각 사업별로 매출과 성과에 대한 수치를 수합하여 보고하는 것이었습니다. 보고 시기가 일정하지 않았기 때문에 매번 각 사업 부서에서 작성된 매출이나 성과를 전달받아 수합하는 과정을 거쳤습니다. 매번 수합하는 과정이 어려웠지만 각 사업 부서에 요청하여 일정에 차질 없이 업무를 수행했던 경험이 있습니다.

속마음이 궁금해요!

다이룸: 매번 각 사업 부서에 자료를 요청하여 수합하는 과정이 얼

마나 힘든지 굳이 말을 하지 않아도 다들 알 거야. 이걸로도 충분히 경쟁력 있는 사람이 될 수 있지.

면접관: 일상적 업무 경험으로는 지원자에 대해 알 수 있는 것이 많이 없다. 타 부서의 동료들과 협업하는 과정에서 어떤 커뮤니케이션 스킬을 보여 줄 수 있는지가 궁금했던 것인데, 조금 다른 답을 한 듯하다.

이렇게 답해요!

이전에 맡은 업무는 경영진 회의에서 각 사업에 대한 지속 여부를 결정할 수 있도록 각 사업별로 매출과 성과에 대한 수치를 수합하여 보고하는 것이었습니다. 보고 시기가 일정하지 않았기 때문에 각 사업 부서에서 매출이나 성과를 수기로 작성하여 전달해 주었습니다. 이러한 수작업은 시간이 오래 걸리기도 하고 정확성도 떨어져 비효율적이었지만 사업 부서로서는 계속 진행할 수밖에 없었습니다. 다행히 IT 부서와 꾸준히 업무를 공유하며 소통하다 보니 단순한 시스템 개발로 매출을 쉽게 산정할 수 있다는 사실을 알게 되었고, 바로 개발을 진행하였습니다. 그 기능으로 정확한 매출 측정이 가능해졌을 뿐만 아니라 사업 부서에서 보고서 작성에 투자할 시간을 사업 활성화에 투자할 수 있게 됨으로써 보다 나은 성과를 창출할 수 있도록 하였습니다. 이 경험을 통해 여러 부서 간 협업이 한 부서가 하기 힘든 일을 얼마나 쉽게 만들 수 있는지 절감할 수 있었습니다.

기억하세요!

단순히 협업을 했었다는 사실로는 커뮤니케이션 역량을 보여 주지 못합니다. 강압적인 방법이 아니라 원만하게 협업을 이끌어 내었는지, 그 협업으로 인해 성과가 창출되었는지가 중요한 포인트입니다. 그 두 가지를 모두 설명한다면 좋은 답변이 될 수 있습니다. 특히 경력이 있는 중고신입의 경우엔 다른 사람과의 마찰 때문에 이직을 한다는 느낌이 강해서 원만한 커뮤니케이션 능력을 갖추고 있음을 잘 설명해야 합니다.

업무상 어려움은 늘 있으니 극복해야 한다

#불평불만자제 #효율적인극복 #힘들면집에가

면접관: 이전 회사에서 업무상으로 어려웠던 점이 있었다면 말해 보세요.

다이룸: 각 사업에 대한 진척 보고서를 만드는 일이 가장 어려웠습니다. 매번 전공 분야가 아닌 사업에 대해 깊이 있게 파악하는 것은 쉽지 않았고, 작성해야 하는 보고서의 분량도 많아 불가능에 가까웠습니다. 또한 사업 담당자가 아니었기 때문에 알 수 없는 세부

적인 부분들은 보고서에 자주 누락될 수밖에 없었고, 매출이나 영업 이익 같은 수치에만 포인트를 맞추어 작성하였습니다. 하지만 어려운 상황에서도 매주 경영진 보고에 필요한 보고서를 이슈 없이 작성하여 임원진들의 의사 결정이 이루어질 수 있도록 기여하였습니다.

속마음이 궁금해요!

다이룸: 면접관들은 대부분 직책자들이니 보고서 작성이 얼마나 어려운지는 알고 있겠지? 매주 경영진 보고를 했다고 했으니 다들 내 능력을 인정할 거야.

면접관: 보고서 작성에 능숙하겠군. 하지만 자신의 업무에 대한 어려움을 어떻게 극복했는지가 궁금한데, 그런 부분에 대한 설명을 해주면 좋았을 것 같다.

이렇게 답해요!

각 사업에 대한 이해가 부족한 상태에서 보고서를 작성하는 일이 가장 어려웠습니다. 경영진이 보고서를 토대로 사업의 지속 여부를 결정하는 중대한 의사 결정을 하기 때문에 단순한 성과나 매출 수치만으로는 그 근거가 부족하다고 생각했습니다. 그래서 아직 사업 초기 단계에 있거나 이란 핵 협정 같은 불가피한 국제 이슈가 있는 사업들에 대해서는 각 사업 담당자와 긴밀하게 협력하여 사업에 대한 추가 코멘트를 작성하였습니다. 그 결과 연 10여 건의 사업은 종료되지 않고 계속 진행되어 매출이 20% 증대되는 성과를 내었습니다. 이렇게 단순히 주어진 업무를 수행하는 것보다는 보다 효율적으로 성과를 내기 위해 노력하였던 경험을 바탕으로 지속적으로 성과를 내도록 하겠습니다.

기억하세요!

자신의 어려웠던 상황을 설명하는 선에서 그치면 좋은 답변이 될 수 없습니다. 면접관은 지원자의 불평불만을 들어 주려는 것이 아니라 어려운 상황을 어떻게 극복해서 성과로 이어지게 했는지에 대한 내용이 궁금한 것입니다. 자신의 어려웠던 상황을 명확히 인지시켜 주고 그것을 해결하기 위한 노력들에 중점을 맞추어 답변해야 합니다. 그것이 성과로 이어졌다면 최고의 답변이 될 수 있습니다.

전 직장에서의 모든 경험은
소중해야 한다

#값진경험 #꾸미기나름 #반항은금물

면접관: 만약 시간을 돌려 전 회사로 돌아가서 직무 선택을 할 기회가 다시 주어진다면 전략 기획은 선택하지 않겠네요?

다이룸: 네. 전략기획팀 업무는 보고서 작성 등 문서 업무가 많아 실무를 익히는 경험을 할 수는 없었습니다. 입사 직후에는 현장 부서에서 경험을 쌓아야 한다고 생각합니다.

속마음이 궁금해요!

다이룸: 전략기획팀 업무는 다시는 하고 싶지 않다. 혹시나 나에게 또 그런 일을 맡길까 봐 두렵다. 처음부터 하고 싶지 않다고 말해야지.

면접관: 다른 사람들은 하고 싶어 하는 업무일 수도 있고 충분히 가치가 있는 일인데, 본인 업무에 대한 자부심이 너무 없군. 자신이 원하는 업무만 하려는 것 같아서 보기가 좋지는 않네.

이렇게 답해요!

그렇지 않습니다. 전략 기획에서 배운 것들이 상사 일을 할 때도 자산이 된다고 확신하기 때문입니다. 업무에는 각각의 장단점이 있었다고 생각합니다. 전략기획팀 업무는 각 사업의 내용을 면밀히 파악할 뿐만 아니라 회사 전체 사업의 흐름을 알고 있어야 수행할 수 있는 업무였습니다. 입사 초기에 그런 업무를 수행한다는 것이 힘든 과정이었지만 팀 내의 상사분들의 도움과 타 부서와의 협업으로 무사히 업무를 수행할 수 있었습니다. 그 과정에서 얕게나마 다양한 사업 분야를 보는 안목을 넓힐 수 있었고, 사업의 지속 여부 등

의사 결정에 대한 간접적인 경험도 할 수 있었습니다. 보고서 작성을 반복적으로 해야 하는 단점도 있었지만, 그 경험을 살려 사업 기획서를 작성하는 데에 도움이 된다고 생각하면 그것 또한 장점이라고 생각합니다.

기억하세요!

자신의 커리어에 대한 생각을 물어보는 질문입니다. 회사에서 성실하게 업무에 임했다면 도움이 되지 않는 업무는 없습니다. 본인이 좋아하거나 싫어하는 업무가 있을 뿐이죠. 본인의 기호에 따라 면접관의 질문에 답변하면 좋지 않습니다. 자신이 수행했던 업무에서 얻을 수 있는 장점을 파악하고 그 장점을 이용하여 더 잘할 수 있는 업무를 찾고 성과를 내는 것이 면접관이 원하는 모습입니다. 이직을 한다고 이전 회사에서의 모든 것을 부정하기보다는 이전의 경력이 현재 지원하는 직무의 밑거름이 된다는 방식으로 답변해야 합니다.

초심으로 돌아가자

#초심유지 #여기가첫회사처럼 #연봉동결

면접관: 3년을 근무한 경력이 있는데, 다시 신입으로 돌아가서 근

무할 자신 있나요?

다이룸: 맞습니다. 저도 고민한 부분이긴 하지만, 그 경력들을 활용해 더 좋은 성과를 낼 수 있다고 생각했습니다. 그리고 혹시 가능하다면 2년 정도의 경력을 인정받을 수 있는지 궁금합니다.

속마음이 궁금해요!

다이룸: 예상한 질문이긴 한데 막상 물어보니 좀 고민되긴 하네. 그래도 말을 하면 경력을 인정해 주지 않을까?

면접관: 역시 3년의 경력을 가지고 다시 신입으로 지원하기는 쉽지 않을 것 같군.

이렇게 답해요!

저도 많은 고민을 했던 부분이지만 두 가지 관점에서 좋다고 판단했습니다. 먼저 전략기획팀에서 근무했던 경력은 앞서 말씀드린 대로 진두상사의 신사업 개발 업무에 도움이 될 것입니다. 신입이더라도 관련 경험이 있으므로 다른 사람들보다 좋은 성과를 조기에 낼 자신이 있고, 충분히 앞서나갈 수 있을 것이라 확신합니다. 두 번째로제 경험을 살리고 싶었기 때문입니다. 프랑스어 능력이나 해외 인턴 등의 경험은 전략기획팀에서는 그다지 도움이 되지 않았고 당연히 성과로 이어지지도 않았습니다. 반면 상사에서의 업무는 제 능력이 십분 발휘될 것이라 자신합니다. 어떤 직급에서든 충분히 역량을 발

144

휘하여 성과를 내겠습니다.

기억하세요!

면접관들이 경력을 보유한 신입 지원자들을 볼 때는 역량보다도 다시 이직하지는 않을지를 가장 많이 생각합니다. 무조건 열심히 하겠다는 말로 신뢰를 주기에는 부족합니다. 또 얼마 되지 않은 경력을 인정받기를 원한다면 차라리 경력 사원으로 지원했어야 합니다. 대신 지금 지원하는 자리에서 더 잘할 수 있기 때문에 옮길 생각이 없다고 답변해야 억지스럽지 않고 자연스럽게 면접관을 안심시킬 수 있습니다.

명확한 지원 동기가
근속 의지를 설명할 수 있다

#여기가내무덤 #유혹금지 #철벽 #연봉많이주세요

면접관: A상사(현재 지원하는 진두상사의 경쟁사)에서 이직 제의가 온다면 어떻게 할 건가요?

다이룸: A상사로는 가지 않을 것 같습니다. 진두상사가 A상사보다 더 성장 가치가 있다고 판단했기 때문에 진두상사만 지원하였

습니다.

속마음이 궁금해요!

다이룸: 당연히 연봉 많이 주는 쪽으로 가야지. 하지만 일단은 안 간다고 답변하고 합격하는 것에 집중해야겠다.

면접관: 아직도 뭔가 확신이 안 생긴다. 금방 이직할 것 같은 느낌이 계속 드네.

이렇게 답해요!

두 회사 모두 상사로서 아시아 지역에서 훌륭하게 성장하고 있는 회사라고 생각합니다. 하지만 A상사는 아시아 지역에 머물러 있는 데에 반해 진두상사는 유럽으로의 진출 의지가 강하고 사업 확장 노력을 부단히 하고 있는 것으로 알고 있습니다. 현재 진행하고 있는 '○○사업'은 기사도 날 만큼 화제가 되고 있습니다. 기존의 시장을 유지하고 더 굳건히 하는 것도 중요하지만 한 단계 성장을 위해서는 새로운 시장을 찾아 개척하는 것도 중요하다고 생각합니다. 특히 그 시장이 제가 자신 있는 프랑스어를 활용할 수 있는 시장이며, 문화적으로도 익숙하기 때문에 전 직장에서의 실무 경험을 바탕으로 현업에 빠르게 기여할 수 있을 것이라고 확신했습니다. 진두상사의 새로운 도약에 저의 역량을 보태고 싶습니다.

기억하세요!

경력만 쌓고 다른 회사로 이직하는 지원자들이 많아짐에 따라 능력 있는 지원자일수록 면접관에게 더욱 근속 의지를 강하게 표현해야 합니다. 근속 의지를 표현하는 가장 좋은 방법이 분명한 회사 지원 동기를 갖는 것입니다. 그리고 이 질문도 약간의 함정이 있는데요. 이 질문을 통해 면접관이 알고자 하는 바는 A상사에 가지 않을 이유가 아니고 진두상사의 지원 동기입니다. 그러니 함정에 빠지지 말고 준비한 지원 동기를 차분히 밝히면 되는 질문이었습니다.

아무리 매력 있는 지원자라고 하더라도 짧은 기간 내에 퇴사할 것이 분명하다면 기업 비밀 유지 차원뿐만 아니라 업무 효율성 면에서도 전혀 도움이 되지 않습니다. 그래서 다이룸 씨처럼 스펙이 뛰어난 지원자는 이 같은 질문을 많이 받게 될 것입니다. 자신의 역량이 뛰어날수록 면접관의 의심도 크다는 사실을 명심하고 모든 답변에 유의해야 합니다.

스트레스 관리도
능력이다

#스트레스해소법 #운동 #노래방 #평범해도괜찮아

면접관: 스트레스를 해소하는 자신만의 방법이 있나요?

다이룸: 저는 특별히 스트레스를 받지 않는 성격입니다. 대학생활 동안에도 학업과 다양한 대외 활동들을 병행하다 보니 어려운 점이 많았지만 피할 수 없으면 즐기자는 적절한 마인드 컨트롤을 통해서 특별한 스트레스를 받지 않았습니다. 입사 후에도 업무가 많아도 적절한 자기 관리를 통해 업무를 수행하겠습니다.

속마음이 궁금해요!

다이룸: 스트레스 받으면 게임을 하거나 노래방을 가지만 솔직하게 말하기에는 평범한 것들이다. 그러기보다는 그냥 스트레스를 받지 않는다고 하는 것이 더 매력적인 사람으로 보일 것 같다.

면접관: 스트레스를 받지 않는 성격이라니 뭔가 답변에 신뢰가 가지 않는군. 회사 생활을 하다 보면 업무나 대인 관계에 따라 스트레스를 받을 수밖에 없는데, 그에 따른 자기 관리가 아직 되지 않는 것 같군.

이렇게 답해요!

친구들과 노래방에서 노래를 부르는 것이 제 스트레스 해소법입니다. 한 시간 정도 신나게 노래를 부르다 보면 자연스럽게 스트레스가 풀리고 친구들과의 관계도 더 돈독해지는 것 같아 한 달에 1~2회는 가려고 합니다.

기억하세요!

준비를 많이 해온 지원자일수록 역량 질문보다는 일에 대한 가치관이나 회사 문화 적응 등에 대한 인성 질문을 많이 받을 가능성이 높습니다. 역량은 충분하여 합격시킬 의향이 있으나 혹시나 회사 문화에 적응하지 못하거나 동료들 간에 불협화음을 만들까 우려되는 것입니다. 그에 대해 면접관이 충분히 안심할 수 있도록 신뢰를 주는 답변을 해 주어야 합니다. 긍정적인 성격이라 스트레스를 받지 않는 성격이라는 등의 질문을 회피하는 답변이나 독특한 스트레스 해소법을 말하는 것보다는 무난한 스트레스 관리 방법을 언급하여 자기 관리가 잘 되고 있다는 인상만 주면 충분합니다. 특별한 스트레스 해소법으로 답변하려고 노력할 필요는 없습니다.

겸손하되 자신감 있게

#겉모습은다소곳 #속마음은누가날이겨 #은근한자기자랑

면접관: 본인이 가장 뛰어난 지원자가 아니라면 어떻게 하겠습니까?

다이룸: 학점과 영어 점수, 대외 활동 등 다른 사람들보다 뛰어나기 위해 항상 준비해 왔습니다. 특히 저는 경력까지 갖추고 있습니다. 현재 지원한 분들 누구와 비교해도 결코 떨어지지 않는다고 자부할 수 있습니다.

속마음이 궁금해요!

다이룸: 자신감을 시험해 보는 압박 질문일 거야. 당당하게 답변해서 면접관이 무시할 수 없도록 대응하자.

면접관: 많은 준비를 하고 스펙이 뛰어난 것은 알겠지만, 자신감이 지나칠 정도라 거부감이 생기네. 조금은 자신을 낮추고 겸손한 모습을 보이는 것이 좋을 듯한데….

이렇게 답해요!

면접관님께서 보시기에 부족한 부분을 알려주신다면 보완해 오도록 하겠습니다. 지금까지 스스로 부족하다고 생각하는 부분을 채워오면서 지금의 학점과 토익 점수를 획득하고, 대외 활동, 인턴 등의 경험을 하게 되었습니다. 가장 뛰어난 사람이라고 말할 순 없지만, 부족한 부분을 채워 나가는 사람이라고 자부할 수 있습니다. 입사 후에도 회사에 기여할 수 있는 사람이 되기 위해 노력하는 사원이 되겠습니다.

기억하세요!

아무리 열심히 살아왔더라도 모든 면에서 뛰어날 수는 없습니다. 면접관이 궁금한 건 본인의 약점을 어떻게 극복하고 보완할 수 있는지 입니다. 지나친 자신감도 문제가 되지만 지나친 겸손도 좋게 보이지는 않습니다. 적당히 자신감을 보이면서 부족한 부분은 채워 나가겠다는 개선 의지를 보이는 것이 좋습니다. 발끈해서 자신감을 넘어선 자만심을 보인다거나, 겸손이 지나쳐 위축된 모습을 보이지는 말아야 합니다.

남과 비교하지 말고
나의 강점에만 집중하자

#스펙초월 #압박해도소용없어

면접관: 이 일을 하기에는 스펙이 너무 좋은 것 아닌가요?

다이룸: 그건 아닙니다. 현재 제가 지원한 직무는 대부분의 지원자들이 토익 900점 이상에 인턴 경력 등 스펙이 좋은 사람들이 많은 것으로 알고 있습니다. 제 스펙이 그렇게 뛰어난 것은 아닙니다.

면접관: 그런가요? 그렇다면 그렇게 뛰어난 스펙을 가지고 있지도 않은 다이룸 씨를 뽑아야 하는 이유가 무엇인가요?

다이룸: 아, 그건…….

속마음이 궁금해요!

다이룸: 하, 이건 또 무슨 질문이야. 스펙이 좋은 게 죄인가? 왜 이런 걸 물어보는 거야.

면접관: 압박 질문에 쉽게 걸려드는군. 경력이 있는데도 아직까지 갑작스런 상황에 임기응변을 발휘하여 대처하는 것을 기대하기는 어렵겠어.

이렇게 답해요!

좋게 봐 주셔서 감사합니다. 신규 사업 개발 직무에 근무하기 위한 기준 조건을 학점이나 토익 점수로 정하기는 어렵겠지만, 직무에 필요한 기본적인 역량을 보유한 스펙이라고 생각합니다. 신규 사업 개발 직무는 글로벌 회사와 소통하기 위해 공용어인 영어는 필수이고 사업 특성에 따라 제2 외국어에도 능통해야 한다고 생각합니다. 마침 최근 신규로 진출하고 있는 중동 국가의 공용어인 프랑스어를 공부하여 자격증을 취득하였습니다. 이런 기본적인 언어 능력을 바탕으로 신규 시장의 고객 군과 그 니즈를 파악하여 적절한 사업과 합리적인 BM을 설정할 수 있도록 노력하겠습니다.

기억하세요!

대부분의 압박 질문이 그렇듯 질문의 의도를 잘 파악해야 합니다. 당연히 모든 회사가 스펙이 좋은 지원자를 뽑고 싶어 합니다. 그럼에도 이런 질문을 하는 의도는 스펙이 좋아 합격하더라도 다른 회사에 가거나 금방 이직하지 않을까 하는 걱정 때문입니다. 그래서 스펙이 과한 것이 아니라 지금 하고자 하는 직무에 최적화되어 있는 스펙임을 강조하며 직무를 하고자 하는 의지를 강조하는 것이 좋겠습니다. 질문의 의도를 파악하지 못하고, 단순히 면접관이 Yes or No로 물었다고 하여 Yes or No로 답변을 하면 스텝이 꼬일 수밖에 없습니다.

면접관이 자신에 대해
무엇을 우려하고 있는지 파악하자

#단점은극복해야 #자아성찰필요 #즐길줄도압니다

면접관: 사람들이 자신에 대해 자주 오해하는 부분이 있나요?

다이룸: 스펙이 괜찮으니 대학 생활을 충분히 즐기지 못했다고 생각하는 분들이 많습니다. 물론 다른 친구들이 술자리나 친목을 다질 때, 스펙을 쌓기 위한 노력을 했던 것은 사실이지만 그런 시간들이 없었다면 지금과 같은 면접 기회를 가질 수 없었을 것이고, 그 시간들을 후회하지는 않습니다.

속마음이 궁금해요!

다이룸: 어떤 부분을 말해야 하지? 성격의 단점을 물어보는 것인지, 아니면 커리어 상의 단점을 물어보는 것인지 헷갈리네.

면접관: 대학 생활 때 학점과 토익 등 스펙을 쌓기 위해 공부만 하느라 친구들과 어울리며 단체 생활을 해 보지 않았을 것 같아. 혹시라도 회사에서 다른 동료들과 마찰을 일으키지는 않을지 걱정되네.

이렇게 답해요!

제가 대학 생활을 충분히 즐기지 못했다고 생각하시는 분들이 많습니다. 물론 다른 친구들이 술자리를 갖거나 친목을 다지는 시간을 가질 때 스펙을 쌓기 위한 노력을 했던 것은 사실입니다. 하지만 해외 봉사 활동, 전국 동아리 운영진, ○○홍보대사 등 다양한 대외 활동을 통해 의미 있는 교류를 하면서 충분히 대학 생활을 즐겼다고 생각합니다. 특히 동아리 운영진 등을 하면서 친구들과 자주 밤을 지새

우며 토론하고 행사 준비했던 경험은 아직도 정기 모임을 가질 정도로 돈독한 우정을 가질 수 있게 해 주었습니다. 이러한 경험들이 지금과 같은 면접 기회를 가질 수 있게 해 준 소중한 경험이라고 생각합니다. 입사 후에도 업무뿐만 아니라 다른 동료들과의 인적 네트워크 형성에도 노력하겠습니다.

기억하세요!

타인에게 보여지는 나 자신을 파악하여 필요하다면 개선할 수 있는 마인드가 있는지 확인하는 질문입니다. 따라서 면접관이 우려하는 바를 해소하는 답변이 좋습니다. 다이룸 씨처럼 스펙이 좋은 지원자들에게 면접관이 가장 우려하는 것은 사회성입니다. 면접관들은 간혹 스펙이 좋은 지원자들을 원하면서도 그 사람들이 공부만 하느라 다른 사람과의 소통이 부족하지는 않았을까 우려합니다. 실제로 스펙만 보고 합격시켰다가 적응하지 못하고 그만두는 경우도 많이 보았기 때문에 사회성에 대한 의심을 해소시켜 주고 다른 사람들과 잘 소통하며 적응할 수 있겠다는 확신을 심어 주는 것이 중요합니다.

자만심이 아닌
자신감으로

#근거있는자신감 #오만함버려 #지나친겸손안돼

면접관: 이전 직장의 동료가 당신을 평가한다면 100점 만점에 몇 점을 줄 것 같은가요?

다이룸: 100점을 줄 것 같습니다. 이전 직장에서 근무할 당시에 다른 동료들보다 많은 시간 야근을 했고 동기들에 비해 성과도 좋았습니다. 충분히 100점을 줄 것이라고 확신합니다.

속마음이 궁금해요!

다이룸: 확실하게, 자신감 있게 어필해야 해. 이전 직장 동료들과 사이가 좋지 않아 이직하는 이유도 있지만, 그것을 숨기기 위해서라도 이렇게 대답해야 해.

면접관: 시종일관 지나친 자신감을 보이네. 다른 사람들에 대한 배려가 보이지 않고 안하무인격으로 자신에 대한 자부심만 가득 차 있군.

이렇게 답해요!

80점 정도라고 생각합니다. 실제로 이전 직장에서는 다면 평가라는 제도를 통해 동료들 간의 업무 수행 능력, 협업 능력 등을 평가하는 경우가 있었습니다. 그때 당시에 90점 정도 받은 것으로 기억합니다. 점수가 너무 높았기에 동료들이 더 열심히 하라는 뜻으로 저를 과대평가한 것이라 생각했었습니다. 입사 초기였기 때문에 업무를 파악하기 위해 동료들에게 부탁하고 도움을 받는 경우가 많았습니다. 하지만 다른 사람들의 도움을 받는 만큼 실망시키지 않고자 누구보다도 노력했기에 성과로 이어질 수 있었습니다. 입사하게 된다면 이와 같은 배우는 자세로 동료들과 함께 어떤 업무에서도 성과를 낼 수 있도록 하겠습니다.

기억하세요!

다른 사람이 자신을 어떻게 생각하는지를 알고 있는지와 자신에 대한 평가를 어떻게 하고 있는지를 동시에 물어보는 질문입니다. 스스로를 지나치게 높게 평가하는 것보다는 겸손한 면모를 보이는 답변이 더 좋겠습니다. 그리고 그 근거를 명확히 제시하여 본인이 주장한 평판을 면접관이 신뢰할 수 있도록 만들어 주어야 합니다.

어떤 동료와도 협업할 수 있는
능력이 필요하다

#원만한사회생활 #독불장군NONO

면접관: 같이 일하기 어려운 동료 유형이 있다면 말씀해 보세요.

다이룸: 모든 일에 부정적인 시각으로 문제점을 제기하는 동료와 일하는 것이 가장 싫습니다. 의견을 제시할 때마다 안 되는 이유를 제시한다면, 아무도 의견을 제시하지 않을 것이고 회의 진행이 어려워질 것입니다.

속마음이 궁금해요!

다이룸: 누가 봐도 싫은 사람의 유형을 말하자. 항상 부정적인 사람은 누구나 싫어하니까 별 문제없을 거야.

면접관: 회사에는 다양한 유형의 사람들이 있고, 그 사람들 모두 인사팀에서 정당한 절차를 거쳐 입사한 사람들이다. 그런 사람들을 개인적인 판단으로 폄하하고 기피한다면 동료들 간의 협업에 문제가 생길 것 같다.

이렇게 답해요!

처음에는 모든 일에 부정적인 시각으로 문제점을 제기하는 동료들이 대하기 어려웠습니다. 하지만 얇은 종이에도 양면이 있듯이, 이들의 현실적 시각이 프로젝트에 도움이 될 때가 많았습니다. 현실적인 유형의 사람들은 꼼꼼해서 문제점을 분석하는 데에 능했고 그 문제점을 보완할수록 프로젝트의 완결성은 높아졌습니다. 대안도 없으면서 무작정 반대하고 비난한다면 동료들 간의 불화의 씨앗이 되겠지만, 비난이 아닌 적절한 비판으로 문제 제기가 된다면 오히려 좋은 결과의 밑거름이 되는 것을 경험하였습니다. 앞으로도 동료들을 함부로 판단하기보다는 상대의 장점을 살리고자 노력하여 원만한 협업이 이루어질 수 있도록 노력하겠습니다.

기억하세요!

친구 간에는 맞지 않으면 만나지 않으면 그만이지만 직장 동료들은 그렇지 않습니다. 특히 직장 동료들은 언제든지 서로 간의 업무에 도움을 주고받을 수 있는 협업 관계에 있습니다. 항상 직장 동료들 간에 원만하게 대인 관계를 맺어두어 껄끄럽지 않은 사이를 유지해야 합니다. 또한 모두 회사의 정당한 절차로 입사한 검증된 인재들인데 개인적인 잣대로 호불호를 평가해서 업무에 영향을 주는 것은 좋지 못한 자세입니다. 자신과는 맞지 않는 부분이라고 하더라도 다른 동료들에게는 좋은 점이 될 수 있고, 자신이 보는 관점이 틀릴 수 있음을 잊지 않아야 합니다. 이 질문에 대한 대답의 핵심이 일하기 싫은 동료를 말하는 것이 되면 곤란합니다. 대신 어떤 동료와도 불화를 일으키지 않고 긴밀하게 협업할 수 있음을 보여 주어야 면접관에게 좋은 인상을 줄 수 있습니다.

지원한 회사의
강점을 칭찬하자

#여기가꿈의직장 #내가잘할게요

면접관: 이상적인 직장과 근무 환경은 어떤 것이라고 생각하나요?

다이룸: 워크-라이프 밸런스가 이루어지는 근무 환경이 좋다고 생각합니다. 직장에서 업무에 충실하는 시간도 중요하지만 적절한 휴식을 동반하였을 때 업무의 효율성과 성과가 지속될 수 있다고 생각합니다.

속마음이 궁금해요!

다이룸: 다시는 월화수목금금금을 하고 싶지 않다. 휴식을 보장해주는 회사에서 일하고 싶어.

면접관: 워크-라이프 밸런스…. 물론 좋은 말이지만 일일이 개인적으로 워크-라이프 밸런스를 챙겨주는 회사는 없다. 개인적인 판단으로 적절히 조절해야 하는 것이지. 업무에 대한 생각은 없고 휴식만을 강조해서는 곤란한데…….

이렇게 답해요!

동료들 간의 커뮤니케이션이 원활하여 활발한 협업이 이루어질 수 있는 환경이 중요하다고 생각합니다. 회사에서 혼자서 할 수 있는 일은 많지 않고 효율적이지도 않습니다. 동료들 간의 적절한 협업으로 시너지 효과가 발생하였을 때 괄목할 만한 성과를 창출할 수 있다고 생각합니다. 사업을 진행할 때 TF를 만들어 유기적인 협업 관계를 구축할 수 있도록 적극적인 제도를 운영하고 있는 진두상사에서 성과가 나오는 것은 당연한 결과라고 생각합니다.

기억하세요!

이상적 업무 환경을 솔직하게 답변하는 자리가 아닙니다. 현재 지원한 회사가 일하기 좋은 회사이고, 지원한 직무가 자신이 꿈에 그리던 직무인 것입니다. 사전에 현직자를 만나보거나 인터넷 검색을 통해 회사 문화를 충분히 알아 두고 면접에 참가하여 맞춤형 답변을 할 수 있도록 해야 합니다. 자칫 지원한 회사의 조직 문화와 상반되는 문화를 이상적인 것이라고 한다면 면접관과 민망한 상황에 놓이게 될 것입니다. 칭찬은 고래를 춤추게 하듯이 회사를 칭찬하면 면접관에게 좋은 인상을 줄 수 있습니다.

회사 정책과 절차를 지키는 태도를 보이자

#회사정책이곧법 #남녀차별없다 #막나가면탈락뿐

면접관: 우리나라는 유리 천장이라는 말이 있을 정도로 여자 임원이 많지 않은데, 혹시 본인이 여자라는 이유로 승진이나 인사 고과에 불이익을 받는 경우가 생긴다면 어떻게 할 건가요?

다이룸: 당연히 그 부분에 대해서 직책자에게 강력한 항의와 수정을 요구할 것입니다. 만약 시정 조치되지 않는다면 언론에 알리거나 다른 부당한 대우를 받은 여자 동료들과 함께 항의할 것입니다.

속마음이 궁금해요!

다이룸: 요즘이 어떤 시대인데 남녀 차별에 대한 질문을 하는 거지? 당연히 그런 부당한 처사가 일어나면 안 되는 것 아닌가? 회사는 크고 힘이 있으니 다른 동료들과 연합해서 단체를 형성해야 부조리가 바뀔 수 있을 거야.

면접관: 와우! 답변이 생각보다 너무 강한 어조인데? 실제로 남녀 차별이 일어나지는 않지만 혹시라도 회사에서 문제를 일으키진 않을까 염려되고 조금 부담스럽군.

이렇게 답해요!

일단 정말 여자라서 불이익을 받는 것인지 직책자에게 문의하여 확인할 것입니다. 만약 그것이 사실이 맞는다면 회사 정책에 따라 인사 고과 결정에 대한 이의 제기를 하고 직책자에게 해당 사항을 철회할 것을 지속적으로 요구할 것입니다.

기억하세요!

기업의 이윤 극대화를 위해서는 인적 자본의 효율적 활용이 무엇보다 중요한데, 남녀를 구분하여 평가하고 진급시키는 것은 분명 시대착오적입니다. 다만 이 질문은 개인적인 불이익이 발생했을 경우 회사에서 어떻게 대응하는지를 확인하기 위해 상황을 가정한 것입니다. 지나치게 강한 어조의 답변을 하면 그 의도가 아무리 좋다고 하더라도 회사의 입장에서는 부담스러울 수밖에 없습니다. 부당한 대우를 받아들이는 것이 아니라 정당한 절차로 이의 제기를 하고 원만한 방식으로 문제를 해결하려는 태도를 보인다면 좋은 답변이 될 수 있습니다.

뻔한 질문도 자신의 역량을 보여 주는 기회로 활용하자

#뻔한대답노잼 #프로세스개선OK

면접관: 회사 정책이나 규정에 반하여 행동했던 적이 있나요?

다이룸: 아닙니다. 대체로 단체에 소속이 되어 있을 때는 그 단체의 규칙을 지키는 것이 마음이 편하여 규정을 따르는 편입니다.

속마음이 궁금해요!

다이룸: 너무 뻔한 질문 아닌가? 여기서 누가 회사 정책에 반한다고 솔직하게 답할 수 있겠냐고. 일단 계약서에 사인이 완료되어야 겨우 말할 수 있을 정도이지.

면접관: 뻔한 대답이군. 하지만 나쁜 대답은 아니니 그냥 넘어가야겠다.

이렇게 답해요!

규정에 반하기보다는 규정을 바꾸어 회사에 기여한 경험은 있습니다. 지난 회사에서 오랜 기간 이어져오던 회사 정책을 바꾸어 사업의 유연성을 확보했던 적이 있습니다. 당시 상대 사업자와의 사업 규모는 100만 달러인데 500달러 규모의 비용 지불에 대한 이견이 있어 그다음 단계의 사업으로 넘어가지 못하는 안타까운 경우였습니다. 하지만 10여 년 전부터 만들어진 회사 내부 규정상 정산 이슈가 있는 사업자와는 그 이슈가 해소될 때까지 더 이상 사업을 진행하지 못하도록 되어 있었습니다. 그 상황이 안타까웠던 저는 500달러 이하인 작은 규모의 이슈는 서로 합의하에 사업 종료 시점에 일괄 처리하는 프로세스를 만들었습니다. 그 결과 지연되던 두 건의 사업을 무사히 완료할 수 있게 했던 경험이 있습니다. 이런 경험을 통해 회사 정책이더라도 시대의 흐름에 맞게 변경하여 성과에 기여할 수 있다는 것을 깨달았습니다. 앞으로도 회사 이익을 위해 지속적으로 노력하는 사원이 되겠습니다.

기억하세요!

뻔한 질문이기 때문에 당연히 뻔한 답변이 기대가 됩니다. 면접장에서 그 누가 회사 정책을 위반한 적이 있다고 실토를 할까요. 그 같은 경험이 있든 없든, 답변은 그런 적이 없으며 앞으로도 회사 정책을 준수하겠다는 뻔한 말이 될 것입니다. 하지만 이 질문도 충분히 자신의 경험이나 자세를 답변할 수 있는 기회로 삼을 수 있습니다. 압박 면접 질문을 받으면, 1차원적 답변을 하여 소중한 답변 기회를 헛되이 소진하지 말고 대답을 방향을 조금 틀어서 자신의 역량을 어필할 수 있는 기회로 삼기 바랍니다.

사생활 질문은 업무에 영향을 주지 않는다는 답변이 최고

#사생활분리 #자기관리 #솔직함

면접관: 남자친구가 있나요? 있다면 언제쯤 결혼할 계획인가요?

다이롬: 아니오. 없습니다. 그리고 지금 당장은 결혼할 생각이 없고 업무에 집중하여 커리어를 쌓는 것이 목표입니다.

속마음이 궁금해요!

다이롬: 남자친구도 있고 빠른 시일 내에 결혼할 생각도 있지만, 사생활 때문에 면접에 불이익을 받을 수도 있으니 숨겨야 한다. 결혼도 문제지만 출산, 육아 등의 이유로 자주 휴직해야 하는 여자들이 너무 불리한 것 같다.

면접관: 그렇군.

이렇게 답해요!

네. 현재 남자친구가 있습니다. 하지만 만난지 정확히 2년이 되는 날에도 야근을 했을 만큼 사생활이 업무에 영향을 주지 않도록 항상 분리하여 생활해 왔었고 이런 태도는 입사 후에도 변함이 없을 것입니다.

기억하세요!

요즘엔 이처럼 지극히 사적인 질문을 면접 때 하는 기업들이 많지는 않습니다. 그렇지만 아직도 종종 이런 질문을 하는 기업도 있어서 내용에 포함은 했습니다. 만나고 있는 이성이 있다고 하면 각

면접 2주 전

종 기념일이나 결혼, 출산 등으로 업무에 소홀하게 될까 봐 걱정하는 면접관도 있습니다. 그러므로 개인 사생활이 업무에 영향을 미치지 않을 것임을 강조하여 면접관의 우려를 해소하는 답변을 하는 것이 좋습니다.

순발력과 친밀감이 있는 사람을 싫어하는 면접관은 없다

#누구와도대화가능 #임원도내동료 #의외로쉬움

면접관: 회사 엘리베이터에서 임원과 마주했습니다. 어떻게 할 건가요?

다이룸: 먼저 인사를 하고 날씨나 간단한 안부를 묻는 가벼운 이야기를 건네며, 자연스럽게 부드러운 대화를 이끌어 내겠습니다.

속마음이 궁금해요!

다이룸: 평사원이 임원을 만나서 할 수 있는 말이 뭐가 있겠어. 어색하지 않게 분위기만 맞춰도 대단한 거지.

면접관: 그래, 그 정도면 무난하지.

이렇게 답해요!

최근 회사 관련 긍정적인 뉴스를 언급하면서 자연스럽게 대화를 이끌어내겠습니다. 또한 관련해서 제가 할 수 있는 일이 있다면 역량을 어필할 수 있는 기회로 만들겠습니다.

기억하세요!

'엘리베이터 스피치(Elevator Speech)'라는 말이 있습니다. 엘리베이터가 올라가는 그 짧은 순간에 자신에 대한 강한 인상을 남기고 능력을 어필하는 대화법을 말합니다. 쉬운 방법으로 최근 급성장 중인 사업 내용이나 임원이 참가했던 행사에 대해 언급한다면 어색한 침묵을 쉽게 깨뜨릴 뿐만 아니라 회사에 대한 관심도 나타낼 수 있습니다. 덧붙여 자신이 기여했던 성과나 잘 할 수 있는 일들을 슬쩍 언급하여 자신의 존재를 각인시키는 것도 좋은 방법입니다.

참고로 '칵테일 토크(Cocktail Talk)'라는 말도 있습니다. 상사와 칵테일 한잔하며 나눌 법한 대화를 말하는데 이 또한 직장 내 중요한 커뮤니케이션 스킬입니다. 상사가 좋아하는 야구팀이라든가, 상사가 최근에 관심 있어 하는 취미 등 상사의 관심사를 알고 있으면 상사와도 쉽게 대화를 끌고 갈 수 있겠죠.

지원한 회사에서 진행하고 있는 사업에 대한 사전 조사가 필요하다

#사전조사필수 #근거있는답변만 #나한테왜물어 #이미알고있잖아

면접관: 최근 우리 회사에서 개발한 태양열 시스템을 판매할 수 있는 첫 지역을 어디로 정하면 좋을지 말씀해 보세요.

다이룸: 최근 환경 문제가 대두됨에 따라 태양열 발전에 대한 니즈가 전 세계적으로 확대되고 있기 때문에 그에 대한 니즈는 어디에나 존재한다고 생각합니다.

면접관: 그래서 어디를 첫 타깃으로 생각하나요?

다이룸: 음……. 일단 가까운 지역인 아시아부터 시작하는 것이 좋을 듯합니다.

속마음이 궁금해요!

다이룸: 전 세계적으로 이슈가 되고 있고 공통적으로 니즈가 있는

BM인데 아무 곳에서나 시작하면 되지.

면접관: 우리 회사에서 최근 주력으로 진행하고 있는 사업에 대해서 전혀 생각해 본 적이 없는 듯하네.

이렇게 답해요!

전 세계적인 환경 문제로 인해 석유, 원자력 등의 발전소는 지양하고 태양열, 수소 에너지 등 친자연 에너지의 확대가 절실해지고 있습니다. 실제로 유럽은 EU 정책을 통해 탄소 배출권을 엄격하게 통제하여 자동차 등의 산업과 제품에 적용하고 있습니다. 그러므로 태양열 에너지에 대한 니즈가 강할 것으로 예상되는 유럽에서 해당 사업을 추진하고 싶고 제가 준비한 프랑스어도 도움이 될 것이라고 생각합니다.

기억하세요!

회사에서 진행하고 있는 사업이라면 이미 진출할 국가와 시장 조사를 완료했겠지요. 이 질문의 의도는 진두상사의 사업에 대해 얼마나 관심을 갖고 있는지를 알기 위함입니다. 본인이 하게 될 일을 조금이라도 찾아보았다면 쉽게 답변할 수 있는 질문입니다. 만약 미처 공부하지 못했던 내용이라면 최대한 논리적으로 본인의 생각과 그 근거를 제시해야 합니다. 또 그 사업에서 본인의 역량이 어떻게 발휘될 수 있을지 설명한다면 면접관에게 더 신뢰감을 줄 수 있습니다.

지원한 직무의 핵심이
영어일까

#영어는기본 #직무연관성 #내가이회사인재상

면접관: 무역 상사 회사에서 가장 중요한 역량은 무엇이라고 생각하나요?

다이룸: 언어라고 생각합니다. 서로 커뮤니케이션 하지 못한다면 좋은 상품이 있어도 좋은 점을 설명할 수 없기 때문에 매출로도 이어질 수 없기 때문입니다.

속마음이 궁금해요!

다이룸: 내가 가진 토익 점수와 프랑스어 점수를 어필하자. 영어 점수는 지원자들 중에 최고 수준인 데다 프랑스어는 흔하지 않기 때문에 분명 경쟁력 있을 거야.

면접관: 언어는 기본인데 사업을 진행할 때 정말 필요한 것이 무엇인지 모르고 있네. 언어는 커뮤니케이션을 잘하기 위한 수단이지 그것이 사업 진행을 책임져 줄 수는 없는 것인데…….

이렇게 답해요!

상사는 현지 고객의 니즈 파악을 바탕으로 적절한 사업 내용을 기획하는 것이 가장 중요하다고 생각합니다. 해외 인턴 당시 얼굴을 가려 외모 치장에 전혀 관심이 없을 줄 알았던 무슬림들이 마스카라 등 화장품에 엄청난 관심이 있다는 것을 알게 되었습니다. 얼굴에서 유일하게 노출되는 부분이 눈이기 때문에 눈을 부각시키는 화장품과 화장술이 많이 발달했던 것입니다. 이에 마스카라 제품을 수출하는 사업을 진행하여 수익을 창출했던 적이 있습니다. 이처럼 단순히 생각하면 보이지 않던 니즈도 자세히 들여다보면 쉽게 니즈를 파악하고 수익성 있는 사업을 만들어 낼 수 있습니다. 이런 자세로 항상 사업 기회를 포착하고 이익을 창출하는 사원이 되겠습니다.

기억하세요!

영어가 스펙인가라고 물어보면 Yes입니다. 하지만 상사는 거의 모든 지원자들이 출중한 영어 실력을 갖추었기 때문에 영어가 차별적인 경쟁력이 되지는 못합니다. 또한 면접관들은 영어 실력이 계약 체결이나 성과로 직결되지 않는다는 것을 알기에 의외로 영어에 대한 기대치가 높지 않은 경우도 많습니다. 또 상사 지원자의 식상한 답변으로 글로벌 문화 이해를 꼽을 수 있습니다. 면접관들은 외국 친구들과 교류하면서 글로벌 문화를 배웠다는 고리타분한 이야기들을 수도 없이 들어왔습니다. 지원한 직무에서 가장 중요한 역량이 뭔지 다시 한 번 깊게 고민해 보고 본인의 경험으로 그 역량을 설명하기 바랍니다.

면접 2주 전

지원 분야의 대표적
전문 용어는 외워 두자

#사전공부 #철저

면접관: OEM과 ODM의 차이는 무엇인가요?

다이룸: 현재로서는 잘 모르겠습니다.

속마음이 궁금해요!

다이룸: 전혀 모르겠네. 큰일이다.

면접관: 상사에서의 실무 경력이 없으니 모를 수 있지.

이렇게 답해요!

OEM(Original Equipment Manufacturing)은 주문을 받아 생산하는 것으로, 인건비가 저렴한 베트남, 인도네시아 등에서 공장을 두고 이루어지는 판매 방식입니다. ODM(original development manufacturing)은 제조자가 직접 생산/설계를 담당하고 주문자는 유통/판매를 담당하는 방식입니다. 특히 ODM은 제조 업체가 주도적으로 생산하기 때문에 생산 기술력이나 특허권을 직접 보유하게 됩니다. 최근에는 ODM 방식이 대기업에서 중소기업으로도 점차 확대되는 추세입니다. 이 두 가지 사업 방식은 어느 것이 항상 좋다고는 할 수 없고 상황에 맞게 적용해야 한다고 생각합니다.

기억하세요!

실무 경험이 없으면 모를 수도 있겠지만 상사 회사 면접에서 충분히 나올 수 있는 질문입니다. 상사는 생산 설비를 직접 보유하지 않고 완제품이나 원료를 거래하기 때문에 제품 생산이나 설계 등에는 전혀 관여하지 않는 것이 보통입니다. 상사가 아니더라도 지원하는 분야에서 자주 쓰이는 전문 용어는 미리 공부해 두는 편이 좋습니다.

추상적 대답보다는
실무적인 대답이 좋다

#직무관련공부 #계약이중요 #준거법 #세법

면접관: 해외 사업자 간 계약 협의 시 가장 중요하게 고려해야 하는 것은 무엇이라고 생각하나요?

다이롬: 서로 간의 문화 차이를 이해하는 것이 가장 중요하다고 생각합니다. 계약을 체결하는 것에도 중국은 '관시'라는 개념을 적용하여 일정 금액을 별도로 받는다거나 하는 등 각 국가마다 문화의 차이가 있다고 생각합니다. 이런 것들을 사업을 진행하기 전에 미리

파악하여 업무에 차질이 없도록 노력하겠습니다.

면접관: 문화 차이 말고는요?

다이룸: 지금 바로 생각나는 것이 없습니다. 죄송합니다.

속마음이 궁금해요!

다이룸: 아무래도 문화 간 차이가 크겠지? 그런 것들에 대해 설명해야겠다.

면접관: 맞는 말이긴 하지만 해외 인턴 경험도 있고 국내 대기업 전략기획팀에서 실무 경력도 있어서 좀 더 실무적인 대답을 기대했는데 아쉽군.

이렇게 답해요!

해외 사업자 간 계약서를 검토할 때 중요 검토 사항은 준거법과 세법입니다. 조금이라도 분쟁이 발생했을 경우에는 어느 나라의 법으로 해결하느냐에 따라 많은 차이가 있습니다. 주로 서로 간 이해관계가 없는 나라를 기준으로 하며, 우리나라의 경우 스위스, 싱가포르 법을 우선으로 고려하는 것으로 알고 있습니다. 또한 각 나라마다 세법 기준이 다르기 때문에 사업에서 이익을 얻더라도 세금으로 대부분 소진되는 경우도 있을 수 있습니다. 이런 세부적인 부분들을 모두 고려해서 사업적인 리스크를 미리 대비하는 자세를 유지하도록 하겠습니다.

기억하세요!

상사이기 때문에 충분히 나올 수 있는 질문입니다. 해외 사업자 간 거래를 할 경우 문화의 차이도 많이 작용하겠지만, 실제로 제약 사항이 될 수 있는 법, 정책 등을 고려하는 것이 중요합니다. 결국 분쟁이 일어난다면 강제성을 가지는 것은 법이기 때문입니다.

직무 유경험자라면 다른 지원자들보다는 더 실무적인 답을 해야 합니다. 그렇지 못한다면 나이 많고, 이직 확률만 더 높을 뿐 다른 지원자들에 비해 별다른 차별점이 없는 지원자가 되고 맙니다. 그러므로 지원한 기업과 직무에 대해 꼼꼼한 사전 조사가 필요합니다.

전공 지식을 실무에 활용하는 습관을 길러야 한다

#경제정치 #금리인상 #상관관계

면접관: 금리 인상과 실업률에 대한 상관관계를 설명하세요.

다이룸: 금리가 인상되면 물가 상승률은 조금 안정화될 수 있겠지만, 기업에 자금 투입이 줄어들어 실업률을 증가시키는 원인이 됩니다.

속마음이 궁금해요!

다이룸: 최대한 짧게 답변해야 안전하겠지.

면접관: 이론은 잘 알고 있는데 현재 미국이나 우리나라의 상황과 연관 지어 설명하면 조금 더 좋았을 듯하네.

이렇게 답해요!

이론상으로는 금리가 인상되면 기업 입장에서는 투자금 확보를 위한 조달 비용 부담이 커져서 신규 투자를 줄이게 되므로 실업률을 증가시키는 원인이 됩니다. 그런데 최근 미국은 금리를 인상했음에도 실업률이 오히려 줄어들고 있는 현상이 벌어지고 있습니다. 이는 트럼프 대통령이 공언한 도로나 항만 등 인프라 투자 공약의 영향이 작용했다고 보입니다. 한편 국내에서는 미국의 금리 인상에도 불구하고 계속 금리를 동결하고 있는데, 국내 실업률이 높은 것이 부담으로 작용하는 것도 하나의 원인이라 생각합니다.

기억하세요!

전공 관련하여 단순한 이론을 물어보는 질문은 이론뿐 아니라 관련 이슈를 함께 답변하는 것이 좋습니다. 그리고 상사 지원자가 아니더라도 스텝(경영 지원) 직무 지원자들은 어느 회사에 지원하든 경영, 경제 이슈는 파악하고 있어야 합니다. 전공 질문으로 경영 또는 경제 이슈가 많이 나오기 때문입니다.

있으면 있다고
해도 된다

#연봉알아요 #복지도알아요 #만족하니지원했지

면접관: 회사 내에 아는 사람이 있나요?

다이룸: 없습니다. 하지만 회사 홈페이지와 뉴스 등을 통해 회사가 진행하고 있는 사업과 방향성, 비전에 대한 충분히 알고 있습니다.

속마음이 궁금해요!

다이룸: 친구가 대리 직급으로 있기는 한데 굳이 말하지 말자. 임원도 아니고 별로 도움이 안 될 거야.

면접관: 친구가 있을 법한데……. 복지나 연봉 조건은 잘 모르겠네.

이렇게 답해요!

친구가 대리 직급으로 일하고 있어, 회사가 중점적으로 생각하는 비전에 대해 잘 전해 들었습니다. 진두상사는 아시아 지역에서는 이미 매출을 충분히 올리고 있어 유럽 지역으로 사업 영역을 확장하고 있는 것으로 알고 있습니다. 관련하여 유럽에서의 인턴 경력과 프랑스어 자격증이 많은 도움이 될 것입니다.

기억하세요!

본인의 스펙이 좋을수록 회사에서는 '이 사람이 또 이직을 결심하지는 않을까' 하는 걱정이 많습니다. 그래서 지원자가 연봉이나 복지, 기업 문화 등 기본적인 조건은 미리 알고 오기를 바랍니다. 회사에 지인이 있다면 회사에 대한 충분한 정보를 듣고 만족한 상태로 면접장에 온 것이라 생각할 수 있으니 굳이 거짓말을 해서 지인이 없다고 할 필요는 없습니다. 물론 반대로 사내에 지인이 없는데도 있다고 거짓말할 필요도 없습니다.

체력에 대한 질문은 충분한 근거를 들어 뒷받침해야 설득력 있다

#운동꾸준히 #주말엔놀아요

면접관: 상사에서는 해외 출장이 잦은데 체력적으로 문제가 없나요?

다이룸: 기본적으로 조깅을 매일 하기에 체력적으로는 문제가 없습니다. 또한 가끔 스쿼트 등 격렬한 운동도 하기 때문에 체력적으로는 정말 문제가 없습니다.

속마음이 궁금해요!

다이룸: 운동을 매일 하진 않지만, 여자라서 체력이 약하다고 생각할까 봐 걱정되네. 최대한 문제가 없다고 어필해야겠다.

면접관: 개인적인 운동을 하는 것과 회사 업무를 위해서 야근하거나 주말에 근무하는 것은 조금 차이가 있는데……. 하지만 운동을 꾸준히 하고 있다니 다행이군.

이렇게 답해요!

이전 직장에서도 보고서 일정을 맞추기 위해 야근이나 주말 근무가 빈번했습니다. 급하게 매출을 수정해야 하거나 변경 사항이 있을 경우 신속하게 대처해야 했기 때문에 수시로 출근하는 경우도 많았는데도 체력적으로 문제가 없었기에 걱정하지 않으셔도 됩니다. 또한 1년에 1회 이상은 해외 인턴 당시에 알던 친구들을 만나는 등 해외 여행을 가는데 시차 적응에 대한 거부감도 크게 없습니다.

기억하세요!

남자든 여자든 체력이 떨어져서 업무에 지장을 준다면 문제가 있으니 간단히 확인하는 질문입니다. 체력적으로 큰 문제가 없고 꾸준히 노력하고 있다는 정도만 대답하면 좋은 답변이 됩니다. 다만 해외 영업 직무이므로 시차 부담에 대한 내용을 추가적으로 언급해 주는 것이 좋습니다. 물론 실제 경험을 근거로 제시하는 것이 중요합니다.

마지막까지 성실한 답변 자세를 유지하자

#가볍지만진지하게 #꼭입사할거야 #질척거리는건연인끼리

면접관: 지금까지의 면접 과정이 어땠나요?

다이룸: 긴장해서 면접관님께 좋은 인상을 남겼는지는 잘 모르겠지만 좋은 기회에 도전할 수 있어서 의미 있는 시간이었습니다. 이 도전이 합격이라는 성과로 이어질 수 있다면 그 기대에 성과로 보답하기 위해 노력하겠습니다.

면접관: 네. 감사합니다.

속마음이 궁금해요!

다이룸: 휴, 드디어 끝났군. 좋은 인상으로 마무리해야겠다.

면접관: 평범한 대답이군.

이렇게 답해요!

면접 전형을 진행하면서 진두상사의 문화도 익히고 직무에 대해 더 잘 이해할 수 있는 의미 있는 시간이었습니다. 동료들 간의 관계에 대한 질문에서 서로 간의 협업을 중요시하는 문화와, 신규 진출 시장에 대한 질문에서 태양 에너지 사업에 대한 절실함을 느낄 수 있었습니다. 끝으로 스트레스에 대한 질문으로 회사에서 생각하는 워크-라이프 밸런스에 대한 중요성도 체감할 수 있었습니다. 면접에서의 질문 하나하나가 짜임새 있게 진행되어 지원자로 하여금 지원 동기를 다시 되짚어보게 하고 입사 의지를 다지는 계기가 되었습니다. 면접의 기회를 주신 것에 감사드립니다.

기억하세요!

단순히 면접자의 기분을 풀어주려고 가볍게 던지는 질문일 수도 있습니다. 하지만 마지막까지 모든 면접 질문에 성실하게 답변하는 자세를 다시 한 번 보여 줄 수 있는 기회입니다. 입사 의지와 적극성을 마지막으로 어필하는 것도 좋은 방법입니다.

면접에서는 가끔 별다른 의도가 없는 가벼운 질문이 나오기도 하는데, 이런 질문들도 충실히 답변한다면 면접관에게 성실함과 입사 의지를 각인시켜 줄 수 있습니다.

[부록 3-1]

중고 신입 다이룸 씨를 위한 면접 솔루션

혹시 중고 신입이란 말 들어보셨나요? 다이룸 씨처럼 약간의 회사 경력을 가졌지만 다른 회사에 신입으로 다시 지원한 사람을 일컫는 말인데요. 최근에는 어느 회사나 신입사원 중 중고 신입의 비중이 커지고 있다고 합니다. 회사들이 중고 신입을 뽑는 이유는 간단합니다. 경력이 있기 때문에 조직과 직무에 빨리 적응할 것이라고 기대하기 때문입니다. 그렇다고 하여 중고 신입이 경력이 없는 지원자들에 비해 마냥 유리한 것만은 아닙니다. 한 번 조기 퇴사를 경험하였기 때문에 퇴사 경위에 대해 의심을 할 수밖에 없기 때문인데요. 그래서 다이룸 씨 같은 중고 신입 지원자라면 다음의 내용을 유의해야 합니다.

1. 가장 중요한 질문은 퇴사의 이유다

짧게나마 회사 경력이 있다면 전 직장을 퇴사한 이유 또는 이직하려는 이유를 질문받을 수밖에 없습니다. 이 질문의 대답만으로 합격이 결정되진 않지만 불합격은 결정될 수 있는 매우 중요한 질문입니다. 면접관들은 그간의 회사 경험을 통해 한 번 퇴사한 사람은 다음 조직에서도 비슷한 이유로 퇴사를 또 하게 될 확률이 높다는 것을 알고 있습니다. 그래서 퇴사 이유를 반드시 알고자 합니다. 이때 말하게 될 퇴사 사유는 절대 전 회사에 대한 불만이어서는 안 됩니다. 멀쩡히 다니던 회사를 그만두고 새 회사에 입사하고자 하는 이유에는 두

가지가 있을 것입니다. 첫째, 전 직장이 싫어서, 둘째, 새 직장이 좋아 보여서. 이때 지원자가 언급해야 하는 건 오직 두 번째 이유입니다.

2. 나의 소중한 경험을 무시하지 말자

회사에 다녔던 시간이 있기 때문에 다른 대학생 지원자들보단 나이가 조금 많습니다. 그리고 어딘가 패기도 좀 떨어져 보일 것입니다. 대신 중고 신입 지원자가 가진 무기는 전 직장에서의 경험입니다. 그러므로 절대 전 직장에서의 경험을 스스로 평가 절하해서는 안 됩니다. 다이룸 씨의 면접을 다시 한 번 보겠습니다.

면접관: 본인이 이전 직장에서 직무를 선택할 수 있었다면 똑같이 전략 기획 업무를 선택할 건가요?

다이룸: 아닙니다. 전략기획팀 업무는 보고서 작성 등 문서 업무가 많아 실무를 익히는 경험을 할 수는 없었습니다. 입사 직후에는 현장 부서에서 경험을 쌓아야 한다고 생각합니다.

다이룸 씨는 전 회사에서 실무를 배우지 못했다고 인정하는 답변을 하고 말았습니다. 실무도 배우지 못하고 나이만 많은 퇴사 경험자를 회사가 채용할 이유가 있을까요?

3. 겸손과 참을 인 자 세 번

본인들이 의식하지는 못하겠지만 일반 지원자들보다 중고 신입 지원자들은 면접장에서 훨씬 더 여유가 있습니다. 면접에 한 번 이상 붙어 본 경험도 있거니와 회사 생활도 좀 해 봤기 때문에 면접관이 하는 질문의 의도를 짐작하는 것도 더 쉽고, 직무 관련 질문은 실제 경험을 예시로 들며 자신 있게 답변할 수 있기 때문입니다. 그렇지만 자기도 모르게 겸손하지 못한 답변을 할 수도 있으니 주의해야 합니다. 수십 년을 근무한 임원이 보기에 1~3년의 경력은 햇병아리 수준이므로 '내가 다 안다'는 식으로 답변한다든지 또는 면접관의 질문에 반박하는 답변을 하는 것은 절대 금물입니다. 겸손하지 못한 태도를 보일 경우 면접관은 '그러니까 퇴사했지'라는 생각을 금세 하게 될 것이고 불합격을 주게 될 것입니다.

[부록 3-2]
면접을 앞두고 준비해야 할 것들

서류 전형 합격 문자를 받으니 기분이 좋긴 한데 막상 면접을 보자니 무엇을 준비해야 할지 막막합니다. 자기소개를 준비하고 나니 준비가 끝난 것 같은 기분이 들고, 면접은 평소 실력으로 보는 것이라는 친구의 허세 섞인 말도 그럴듯하게 들립니다. 하지만 면접은 준비하고 연습하지 않으면 평소 실력을 보여 줄 수가 없습니다. 지원자의 진짜 인성과 실력을 후회 없이 보여 주기 위해선 반드시 연습이 필요합니다. 그렇다면 무엇을 준비해야 할까요. 다음의 내용을 통해 확인하기 바랍니다.

1. 1분 자기소개

1분 자기소개가 중요하다는 분도 계시고 중요하지 않다는 분도 계신데요. 첫인상이기 때문에 중요할 수도 있고, 1분 자기소개 시간에 면접관은 이력서와 자기소개서 읽기에 바쁘기 때문에 중요하지 않을 수도 있습니다. 그렇지만 확실한 건 1분 자기소개는 꼭 해야 한다는 것이고, 어차피 할 것이라면 잘하는 것이 좋겠죠. 어떻게 자기소개를 구성해야 할까요? 회사와 직무에 대한 지원 동기로 구성하는 방법이 있고, 본인의 직무상 강점을 강조하는 방법도 있는데 본인의 강점을 더 돋보이게 할 수 있는 형식으로 준비하면 됩니다. 1분 자기소개 멘트가 완성이 되면 지인들에게 꼭 점검을 받아 보기 바랍니다. 지인들이 듣고 나서 무언가 이해가 안 되는 부분이 있다고 한다든가 잘 안 들린 발음이 있다고 하면 문장을 수정하기 바랍니다. 그렇게 완성된 자기소개는 완벽하게 암기해서 버벅거리거나 외운 글을 읊는 것처럼 말하는 일이 없도록 해야 합니다.

2. 공통 질문 리스트와 답변 내용 준비하기

예상 질문 리스트를 작성하고 각 질문에 대응하는 답변을 준비해야 합니다. 직무와 관련 없이 공통적으로 많이 물어보는 예상 질문은 본 책을 활용해도 좋고, 인터넷 검색을 통해 찾아도 좋습니다. 성격의 강점, 창의적인 문제 해결 경험, 거주지 질문, 직무 경험 등 자주 묻는 질문에 대해선 어떻게 답변할지 내용을 적어 두고 여러 차례 읽으면서 자연스럽게 암기하는 것이 좋습니다. 1분 자기소개와 마찬가지로 준비된 답변이라 하여 외운 그대로 답변해 버리면 매우 부자연스러운 답변을 하게 됩니다. 가볍게 암기는 해 두되, 면접장에서는 생각나는 대로 자연스럽게 답변하기 바랍니다.

3. 필살 답변 준비하기

남들과 조금 다른 이력이 이력서나 자기소개서에 포함되어 있다면 관련된 질문을 받을 확률이 매우 높습니다. 이런 질문은 치명적일 수도 있지만 반대로 기회가 될 수도 있습니다. 예를 들어 공백기가 지나치게 길다든가, 학점이 낮다든지, 대학 생활 중간에 전공이 바뀌었다든가, 이전 직장 경험이 있다고 할 경우엔 관련된 날카로운 질문을 받게 될 확률이 높으므로 어떻게 답변을 할지 미리 작전을 잘 짜야 합니다. 지원자의 이력으로 생긴 면접관의 선입견을 불식시키고, 그 이력이 오히려 강점이 될 수 있음을 인식시키도록 필살 답변을 준비하기 바랍니다.

4. 우황청심원?

면접에서 긴장하게 될까 봐 우황청심원을 준비해야 되는지 물어보는 지원자가 의외로 많습니다. 남들 앞에 서서 말하는 것이 아직 익숙하지 않은 지원자는 준비하는 것도 좋습니다. 물론 몸이 맞지 않을 수도 있으니 사전에 복용해서 점검해 보는 것도 좋을 것 같습니다.

우황청심원을 준비하는 것이야 전혀 어려운 문제가 아닙니다만, 약간 떠는 것 정도는 크게 문제가 되지 않는다는 말씀은 꼭 드리고 싶습니다. 면접장에서 긴장하지 않는 사람은 없습니다. 팀장급으로 경력직 면접을 보던 나이 지긋한 어느 베테랑도 여전히 면접은 긴장된다고 말씀하시더군요. 모두가 긴장하는 자리인 만큼 면접관들도 조금 떠는 것 정도는 당연하게 인식하므로 지나치게 의식하지는 말길 바랍니다.

PART 4_
나활발 편

나활발 편

나는 공부가 싫다. 지옥 같은 12년간의 입시 전쟁을 마치고 책상을 보기만 해도 엉덩이에 쥐가 날 것 같다. 그런데 대학생이 되어서도 책과 씨름하며 공부에 매달려야 하는 줄은 몰랐다. 나는 어려운 전공 공부에는 눈길이 가지 않고 자꾸 학교 밖으로 나와 새로운 경험을 찾았다. 각종 동아리 운영진, 홍보 대사, 봉사 활동이 내 학교생활을 윤택하게 했고 다른 사람들과 다른 활동이 조금은 자부심을 느끼게 해 주었다. 시험 기간에 나름 노력했지만 그다지 높지 않은 학점과 토익 점수가 늘 마음에 걸렸다. 하지만 이력서를 꽉 채운 대외 활동 경험이 나의 무기이자 다른 지원자들과의 차별점이라고 생각했고 면접관들이 나의 경험을 반드시 알아줄 것이라 생각했다. 다양한 대외 활동으로 다져진 리더십과 커뮤니케이션 스킬을 무기로 지원 직무도 영업으로 잡았다.

드디어 면접 기회를 잡았다. 학점이나 토익 점수가 부족한 탓에 매번 서류 탈락이었다. 대학생활의 전부였던 대외 활동은 나만 한 것이 아니었고 서류 전형에 가산점으로 작용하지 않는다는 것을 너무 늦게 깨달았다. 제발 한 번이라도 면접을 볼 수 있게 해 달라고 수없이 빌었던 것 같다. 면접장에만 들어가게 되면 그동안 갈고 닦은 화려한 언변으로 면접관의 마음을 사로잡을 자신이 있다. 열 번이 넘는 서류 탈락 끝에 잡은 이 소중한 기회를 놓치지 않으리라 몇 번이고 다짐했다. 인사 담당자가 내게 준비되었냐고 물어본다. 이제 시작이다.

면접 2주 전

1분 자기소개에
모든 것을 걸진 말자

#1분자기소개 #겨우1분 #모험하지말자

면접관: 자기소개를 준비했다면 1분 이내로 해 보세요.

나활발: 안녕하십니까. 많은 대외 활동으로 다져진 커뮤니케이션 스킬로 누구와도 소통할 수 있는, 세상에서 제일 활발한 남자 세활남, 나활발입니다. 지난 4년의 대학 생활 동안 다양한 대외 활동을 하면서 사람들과 교류하였습니다. 그런 경험으로 누구와도 소통할 수 있고 여기 계신 면접관님과도 금방 친밀하게 대화할 수 있습니다. 입사하게 된다면 특유의 커뮤니케이션 스킬을 발휘하여 열심히 하겠습니다.

속마음이 궁금해요!

나활발: 후……. 잘 대답한 것 같다. 너무 내 자랑만 한 것 같지만

사실이니까 개의치 말자. 누구보다도 많은 대외 활동을 하며 대학 생활을 보냈고 휴대폰에 저장된 번호만 1,000개가 넘는다. 자신 있게 행동하자.

면접관: 세활남? 무슨 말이지? 아무튼 역시 스펙이 안 되니 뻔한 커뮤니케이션 스킬을 강조하네. 누구와도 쉽게 친해질 수 있다는 등의 표현도 과장되어 보이고 당장에 증명할 수 없는 것들이라 좀 더 지켜봐야겠다. 좀 더 구체적인 경험을 말해 주거나 그런 경험들이 어떻게 직무에서의 성과에 도움이 될지를 연결시킬 수 있었으면 좋았을 듯하다.

이렇게 답해요!

안녕하십니까. 다양한 대외 활동으로 다져진 커뮤니케이션 스킬로 누구와도 소통할 수 있는 지원자 나활발입니다. 지난 4년의 대학 생활 동안 전국 연합 경제 동아리 운영진, ○○마케팅 서포터즈 등 10개 이상의 대외 활동을 하면서 200명 이상의 대학생들과 교류하였습니다. 다양한 전공의 대학생들과 교류하면서 인문학적, 경제적, 공학적 관점 등 여러 관점의 사고를 익히고자 노력했고 그런 경험이 영업 직무에서 고객 응대와 니즈에 맞는 프로모션 기획 등에 도움이 될 것이라고 생각합니다.

기억하세요!

자기소개 답변에서 독특하게 자신을 표현하고자 무리수를 두다가 망치는 경우가 많습니다. 특히 면접관이 공감이나 이해를 할 수 없는 키워드를 사용하는 건 자충수가 될 수 있습니다. 물론 면접관이 공감할 수만 있다면 키워드를 사용하여 자신을 소개하는 자기소개도 나쁘진 않습니다. 또 키워드를 사용하지 않고 담담히 자신의 강점을 소개하는 것도 괜찮습니다. 어떤 강점이나 키워드를 내세웠느냐 만큼 중요한 것이 그 구체적인 근거가 제시되었느냐는 것입니다. 고작 1분밖에 안 되는 자기소개에서 큰 모험은 하지 말기 바랍니다.

경험을 설명할 땐 STAR 기법을 활용하자

#고객만족 #니즈파악 #충성고객

면접관: 많은 대외 활동을 했다고 했는데, 기억에 남는 경험을 한 번 말해 보세요.

나활발: 경제 관련 연합 동아리의 운영진으로 활동한 적이 있습니다. 각종 경제 포럼과 강연회를 개최하며 행사를 진행하였는데 리더십을 배울 수 있었던 좋은 경험이었습니다. 어려움도 많았지만 50명

의 회원들을 만족시키며 무사히 활동을 마칠 수 있었습니다.

면접관: 위기 상황은 없었나요?

나활발: 회원들이 참여를 많이 하지 않는 것이 가장 큰 어려움이었습니다. 그래서 회원들 간의 친목 형성을 위해 모임을 자주 만들어 친밀감을 증대시키고자 노력하였고, 자연스레 사람들이 저를 중심으로 모이고 리더십도 생기게 되었습니다.

속마음이 궁금해요!

나활발: 나에게만 질문을 다시 해 왔다. 친밀하게 대화할 수 있다는 걸 어필하고 싶었는데, 준비한 대로 자연스럽게 답한 것 같다.

면접관: 본인이 잘하는 건 알겠는데 자꾸 구체적인 답변을 하지 않고 애매모호하게 말하네. 보유한 역량이 지원하는 직무와 어떻게 연결되는지도 모르는 것 같다. 다른 지원자들에게도 물어봐야 하니까 일단 넘어가자.

이렇게 답해요!

경제 관련 연합 동아리의 운영진으로 활동한 적이 있습니다. 각종 경제 포럼과 강연회를 개최하며 행사를 진행하였는데 회원들의 참석률이 떨어지는 것이 가장 큰 문제였습니다. 회원들의 니즈를 파악해 보니 실질적인 경제 지식을 배울 수 없는 것이 그 원인이었습니다. 그래서 단순 발표에 그치는 것이 아닌 지도 교수님을 초청하여 피드백을 받을 수 있도록 해 주었고 전문 강연자들을 초청해 강연과 토론 행사를 진행하기도 하였습니다. 그 이후 회원들의 참석률은 90% 이상으로 증가하였고 만족도 설문 조사에서도 9.6점을 받았습니다. 이와 같은 경험으로 고객이 원하는 것을 만족시켜 줄 때 성과가 나온다는 것을 깨달았고 입사 후 영업 직무를 수행할 때 고객의 관점에서 생각하여 고객 맞춤 영업 활동을 하도록 노력하겠습니다.

기억하세요!

보통의 면접은 여러 명의 지원자와 함께 이루어지기 때문에 단독으로 많은 질문을 받기가 어렵습니다. 후속 질문이 나왔다는 것은 처음 질문으로 면접관이 만족할 만한 답을 얻지 못했다는 것입니다. 그러므로 좀 더 구체적인 답변을 통해 면접관의 궁금증을 해소시켜야 합니다. 면접관 질문을 하나하나 소중히 여겨 지원 직무를 잘 수행하고 성과를 낼 수 있음을 논리적인 근거를 제시하며 답변하여야 합격에 가까워질 수 있습니다. 경험을 논리적으로 설명할 땐 STAR 기법이 유용합니다. STAR 기법에 대해선 [부록 1-2]를 다시 참고하기 바랍니다.

지원 기업의 보상 수준을 미리 파악하자

#연봉협상 #당찬신입사원

면접관: 본인의 연봉이 얼마 정도가 적당하다고 생각하나요?

나활발: 5,000만 원 정도가 적당하다고 생각합니다. 하지만 회사 내규에 따르겠습니다.

면접관: 왜 5,000만 원이라고 생각했나요?

나활발: 대기업 평균 연봉이 5,000만 원이라는 기사를 본 적이 있습니다. 그래서 평균 연봉을 받는다면 만족할 것이라는 생각을 했습니다.

면접관: 회사 내규에 따라 평균 연봉 이하라면 입사하지 않을 건가요?

나활발: 그것은 아닙니다. 회사 내규에 따르겠습니다.

속마음이 궁금해요!

나활발: 어차피 정해진 대로 주는 것이면서 왜 물어보는 거지? 당황해서 뭐라고 말해야 할지 모르겠다.

면접관: 자신의 답변에 대한 논리적인 근거를 말하지 못하고 자신감도 없는 것으로 보이네. 자신이 받을 보상을 명확히 하고 목표에 대한 동기 부여를 설정할 수 있어야 보다 열정적으로 업무 수행을 할 수 있는데 그런 점들이 아쉽군.

이렇게 답해요!

인터넷에 나와 있는 정보로는 ○○만 원 정도라고 알고 있습니다. 다만 회사 사정에 따라 달라질 수 있으므로 회사 내규에 따라 책정된 연봉을 따르겠습니다. 또한 성과에 따라 더 나은 보상을 받을 수 있다면 업무 수행에 도움이 될 수 있다고 생각합니다.

기억하세요!

회사는 대개 연봉이나 복리 후생, 조직 문화 등의 정보는 구체적으로 밝히기 전에도 지원자들이 알고 있기를 바랍니다. 회사의 실제 수준과 지원자의 기대 수준과의 격차가 적어야 실제 입사 시에 조직 적응이 수월하기 때문입니다. 이 질문은 회사 정보를 어느 정도 수집한 상태인지와 회사 내규에 따른 연봉을 만족스럽게 받아들이는지 알아보기 위한 질문입니다. 주관적으로 자신이 책정한 금액을 언급하여 압박 면접으로 전환되지 않도록 정확한 기준으로 답변하는 것이 좋으며, 해당 금액이면 충분히 만족하고 업무에 동기 부여가 될 수 있음을 명확히 밝히는 것도 중요합니다.

입사 의지가
명확해야 한다

#이회사가좋아 #거짓말은안통해

면접관: 현재 다른 회사에 지원했나요?

나활발: 네. ○○회사 등에 지원하였지만 현재 진행 중인 곳은 더이룸솔루션뿐입니다. 입사의 기회를 주신다면 앞서 말씀드린 커뮤니케이션 역량과 해외 경험으로 성과를 낼 수 있도록 하겠습니다.

속마음이 궁금해요!

나활발: 다른 회사에 지원하지 않았다는 것은 뻔한 거짓말이니 합격한 곳이 여기뿐이라고 하자. 그러면 추가 질문도 피할 수 있고 더 절박해 보여서 합격시켜줄지도 몰라.

면접관: ○○회사에서 불합격시킨 이유가 있을 텐데 당장은 지원자의 큰 단점을 찾기 힘들지만 왠지 찝찝해진다.

이렇게 답해요!

네. ○○기업의 기획 직무에 지원하였습니다. 현재 IT 분야 사업은 인공지능, IoT, 블록체인 등 지속적으로 신규 시장을 확장하고 새로운 BM이 생성되고 있습니다. 향후 발전 가능성이 농후하기에 IT 산업의 선두 주자인 더이룸솔루션(지원 기업)과 더불어 경쟁사인 ○○기업에도 지원하였습니다. 만약 두 회사가 동시에 입사의 기회를 주신다면 제가 지속 발전시킨 커뮤니케이션 역량과 해외 경험으로 성과를 낼 수 있는 영업 직무로 일할 수 있는 더이룸솔루션에서 일하고 싶습니다.

기억하세요!

오로지 하나의 회사만을 바라보고 지원했는지를 물어보는 것이 아닙니다. 지원자가 취업을 목적으로 무작위의 회사를 지원한 것이 아니라 직무와 산업에 대한 어느 정도의 분석을 하고 지원한 것인지를 확인하는 질문입니다. 또한 지원자의 채용 가능성을 염두에 두고 최종 입사 의지를 확인하는 의도도 포함되어 있습니다. 만약 현재 지원 중인 다른 기업이 있는 상태라면, 다른 기업보다 이 기업을 더 선호하는 명확한 이유를 통해 입사 의지를 명확히 밝혀야 합니다. 다른 회사의 사명을 밝히기가 꺼림칙하다면 "동일 업종의 다른 기업" 정도로만 밝히는 것도 괜찮습니다.

지방 근무를
겁내서는 안 된다

#지방근무 #직장인의숙명

면접관: 지방에서 근무할 수 있나요?

나활발: 네. 대외 활동을 할 때 전국 각지에서 열리는 포럼 행사에 참여한 적이 많아서 지방 근무는 할 수 있습니다. 다만 저희 어머니께서 많이 편찮으셔서 간호할 사람이 필요한 상황이긴 합니다.

속마음이 궁금해요!

나활발: 일단 할 수 있다고 해야 하긴 할 텐데, 진짜 지방으로 발령 내면 어떡하지? 안 되는 사유를 미리 말해 둬야겠다.

면접관: 어떤 환경에서도 적응을 잘할 것 같아 좋아 보였는데 안타깝네. 부모님이 아프신 건 본인의 잘못은 아니지만 개인 사정으로 인한 제약 사항이 될 순 있겠군.

이렇게 답해요!

회사 사정으로 정책상 지방 근무를 해야 한다면 거부감 없이 할 수 있습니다. 전국 단위 대외 활동을 하면서 지방으로 MT 등의 행사를 갔던 적이 있어 다른 지역을 경험할 기회가 많았습니다. 그때마

면접 2주 전

다 각 지역별로 독특한 매력이 있어 오히려 즐거웠고 자연스레 친구들도 많이 사귀게 되어 즐거웠던 기억이 있습니다.

기억하세요!

나활발 씨처럼 간혹 부모님의 병환, 결혼 등의 사유로 불가피하게 타 지방 근무가 어려운 경우가 있더라도 입사 후에 실제로 지방 발령이 나게 되면 그때 협의해도 늦지 않습니다. 어려운 사정을 이해는 하지만 일어나지도 않은 일을 미리 염려하여 지방 근무가 불가능한 지원자라는 단점을 인식시켜 줄 필요는 없습니다. 그리고 직장 생활을 하며 근무지를 한 번도 옮기지 않을 가능성은 높지 않습니다. 그러므로 근무지 이동을 입사도 하기 전에 걱정하는 지원자는 꺼려질 수밖에 없습니다. 타 지방 근무에 대해선 앞서 유동지 씨의 커리어 편에서 다룬 바가 있으므로 참고하기 바랍니다.

휴학 기간 중 경험과
지원 직무의 연관성을 생각해 두자

#휴학기간설명 #값진경험 #놀면안되냐ㅠㅠ

면접관: 나이가 조금 많아서 봤더니 휴학한 기간이 꽤 길었는데 특별한 이유가 있나요?

나활발: 활발한 대외 활동을 위한 선택이었습니다. 휴학 기간 1년 동안 전국동아리 운영진 활동과 봉사 활동을 했었습니다. 여러 대학생들과 교류하면서 리더십을 키울 수 있었고 봉사 활동을 통해 다른 사람들을 배려하는 습관을 가지게 되었습니다. 해당 경험은 직무를 수행할 때 도움이 될 것이라 확신합니다.

속마음이 궁금해요!

나활발: 그냥 놀려고 휴학한 것이긴 하지만, 돌이켜 보니 마냥 놀지만은 않았고 대외 활동을 많이 했다. 친구들을 더 사귀고 싶어서 재

미로 시작했던 일들이 지금에 와서는 도움이 되긴 된다. 이렇게 면접 때 할 말이 있으니 말이다.

면접관: 휴학하고 이것저것 많이 한 것은 알겠다. 이력서를 보고 충분히 예상할 수 있는 답변이었다.

이렇게 답해요!

휴학 기간 동안 대외 활동, 운영진 활동을 통해 영업 직무에 필요한 커뮤니케이션 역량을 확보하고자 노력하였습니다. 전국 각지의 400여 명의 회원들을 위한 행사를 기획하는 일을 하였는데 지역과 학교에 따라 생각하는 관점도 달랐고 의견 차이도 많이 발생하였습니다. 그렇게 행사를 진행할 때마다 다양한 학생들의 니즈를 만족시키고자 노력하다 보니 상대방의 니즈를 파악하는 역량과 동시에 커뮤니케이션 역량을 확보할 수 있습니다. 이런 역량들이 영업 직무에 필요한 역량이라고 생각하며 입사 후에 업무에 활용하여 성과를 내겠습니다.

기억하세요!

휴학 기간을 얼마만큼 의미 있게 활용했는지를 알아보고자 하는 질문입니다. 물론 대학 생활을 어떻게 보내느냐는 개인의 자유입니다. 그렇지만 회사는 기왕이면 대학 생활 동안 직무 수행을 위해 꾸준히 준비해 온 사람을 선호합니다. 휴학 기간에 한 경험이 지원하는 직무에 어떻게 도움이 되고 성과로 이어지는지가 중요합니다. 휴학 기간이 지원 직무에 필요한 역량을 확보하고, 스스로 성장한 소중한 시간이었음을 설명해야 합니다. 필자와 상담 받은 분들 중엔 실제로 놀기 위해서 휴학했기 때문에 휴학 기간 동안 한 것이 아무것도 없다고 말씀하는 분도 있었지만, 조금만 더 깊게 상담해 보면 아무 의미도 없이 6개월이라는 시간을 보낸 분은 없었습니다. 휴학 기간에 본인이 어떤 경험을 했고, 그 기간에 무엇을 배웠는지 곰곰이 다시 생각해 보기 바랍니다.

압박 질문은 의도 파악이 중요하다

#학벌주의 #발끈자제 #질문의의도파악

면접관: 출신 학교의 네임 밸류가 다른 지원자에 비해서 떨어지는데 지원자를 채용해야 하는 이유가 있나요?

나활발: 네. 저희 학교가 부족하긴 합니다. 하지만 제 대학 생활을 보면 아시겠지만 대외 활동을 통해 다른 지원자들이 가지고 있지 않은 역량을 가지고 있습니다. 저의 다양한 경험이 영업 직무를 수행할 때 도움이 될 것이라 확신하고 있습니다. 이점을 고려해 기회를

주시면 감사하겠습니다.

면접관: 영업 직무에 지원하는 지원자들은 대외 활동을 다들 많이 한 것 같습니다. 그래서 나활발 씨가 특별히 더 뛰어나다고 생각되지는 않습니다. 다른 강점은 없나요?

나활발: 아, 그게……

속마음이 궁금해요!

나활발: 도대체 이런 질문을 왜 하는 거지? 날 면접장에 부른 건 본인들이면서! 서류 전형에 왜 합격시켰는지 물어보고 싶다.

면접관: 당황한 것이 눈에 보이는군. 나름대로 답변을 잘 했지만 질문의 의도를 잘못 파악해서 후속 압박 질문에 대처하지를 못하네. 영업을 하다 보면 돌발 상황이 많이 발생하는데 그런 상황에 유동적으로 대처하지 못할 것이 눈에 뻔히 보이는구만.

이렇게 답해요!

면접관님께서 말씀하신 대로 수능 점수로만 보자면 저희 학교가 다른 지원자들의 출신 학교에 비해 높지 않은 것은 맞습니다. 하지만 저는 ○○대학교에서 우수한 교수님들로부터 ○○프로그램(학교 내부적으로 시행하고 있는 프로그램을 언급하자) 등을 토대로 4년을 교육받았습니다. 그래서 영업 직무에 근무하기 위한 기본적인 역량에 대해서는 다른 지원자들에 비해 부족함이 없습니다. 또한 서류 전형, 인적성 전형 등을 거치면서 최소한의 역량은 증명하였다고 생각합니다.

기억하세요!

압박 질문은 지원자를 불합격시키려는 질문이 아닙니다. 회사 생활에서 발생할 수 있는 돌발 상황에 어떻게 대처하는지를 알기 위한 질문이니 감정적으로 받아들이는 일은 금물입니다. 이번 질문을 보자면, 출신 학교의 네임 밸류가 그 학교 출신의 직무 역량을 결정하지는 않는다는 것을 알면서도 의도적으로 도발적인 질문을 한 것입니다. 그렇지만 질문을 다시 뜯어보면 핵심은 학교가 아니고 결국 본인의 차별적 강점을 물은 것임을 알 수 있습니다. 질문을 다시 한 번 보겠습니다.

"출신 학교의 네임 밸류가 다른 지원자에 비해서 떨어지는데 지원자를 채용해야 하는 이유가 있나요?"

결국 질문은 지원자를 채용해야 하는 이유입니다. 그러므로 학교에 얽매이지 않고 본인의 직무 역량에 대해 차분하게 답변하면 됩니다. 다른 압박 질문도 마찬가지입니다. 질문의 의도를 파악하여 차분하게 대응하기 바랍니다.

단점에 대한 지적은
다른 장점을 어필해 상쇄시키자

#점수가중요해 #NO스펙NO취업 #단지공부가싫었을뿐

면접관: 다양한 활동을 많이 해 온 것은 알겠는데 상대적으로 학점이나 영어 점수가 부족한 것 같지 않나요?

나활발: 학점이나 토익과 같은 스펙을 미리 준비하지 못한 점에서는 어느 정도 부족함을 느끼고 있습니다. 만약 필요하다면 입사 전에 토익 등 스펙을 준비하도록 하겠습니다.

속마음이 궁금해요!

나활발: 스펙의 부족함에 대한 질문이 나올 줄 알았다. 하지만 이건 지금 당장 바꿀 수도 없고 서류 합격을 했으니 큰 문제가 안 될 거야. 일단은 면접관이 원하는 대로 스펙을 쌓아 오겠다고 하자.

면접관: 스펙을 미리 준비한 지원자들도 많은데 아직도 준비하지 못한 지원자를 군이 뽑을 이유는 없지. 대학생의 기본인 학업을 소홀히 했다면 업무도 소홀히 하지 않을까 걱정이 되는군.

이렇게 답해요!

저는 책으로 배우는 것보다 현장에서 직접 부딪치며 영업 역량을 쌓는 것이 더 의미가 있다고 생각했습니다. 동아리 운영진을 하면서 400명 이상의 대학생들과 교류했던 경험, ○○홍보대사를 하면서 직접적으로 브랜드 가치 제고를 위한 방안을 도출했던 경험 등이 직무 수행에 기본 바탕이 될 수 있다고 생각합니다. 이런 경험들을 바탕으로 입사 후 영업 직무에서 성과를 낼 것이라고 확신합니다.

기억하세요!

면접관의 압박 질문에 자신의 부족함을 시인하는 직접적인 문장으로 답변하면 자신감이 떨어져 보이고 이후의 질문도 호의적이기 어렵습니다. 앞서 압박 질문은 의도 파악이 중요하다고 말씀드렸습니다. 이 질문의 의도는 무엇일까요? 질문을 다시 한 번 보겠습니다.

"다양한 활동을 많이 해 온 것은 알겠는데 상대적으로 학점이나 영어 점수가 부족한 것 같지 않으세요?"

'학점과 영어 점수가 낮으니 핑계를 한번 대 보세요' 가 과연 면접관의 의도일까요? 아닙니다. '학점이나 영어 점수가 낮은 것 대신 본인이 갖추고 있는 역량을 설명해 주세요' 가 면접관의 의도입니다. 학점이 낮은데도 면접까지 왔다는 것은 나활발 씨의 이력과 경험에서 다른 무언가를 기대하고 있다는 것이므로 학점이 낮은 것에 위축될 필요가 없습니다. 대신 본인이 그동안 쌓아 온 경험이 어떤 식으로 직무 수행에 도움이 될지 설명하고 면접관을 납득시켜야 합니다.

봉사 활동도 면접에서는
본인 역량 개발 활동이다

#나를위한봉사 #항상배우는자세 #의미있는활동

면접관: 이력서를 보니 봉사 활동을 많이 했던데 특별한 이유가 있나요?

나활발: '굿네이버스'라는 단체를 통해서 편부모 가정의 초등학생들을 위한 교육 봉사를 진행했었습니다. 그 과정에서 보람을 느껴서 꾸준히 할 수 있었습니다.

속마음이 궁금해요!

나활발: 봉사 활동은 다른 사람을 도와주는 행동이니까 좋은 시각으로 볼 거야. 다행이다.

면접관: 봉사 활동을 통해 뭘 배운 것이 있을 텐데 그건 말을 안 하네.

이렇게 답해요!

봉사 활동을 하면 느끼고 배우는 것이 많아서 계속하다 보니 꽤 많은 시간을 하게 되었습니다. 특히 '굿네이버스'라는 단체에서 편부모 가정의 초등학생 중심으로 교육 봉사를 진행했을 때가 기억에 남습니다. 그곳에서 어려운 가정환경 속에서도 본인만의 꿈을 간직하고 그 꿈을 이루기 위해 노력하는 아이들을 만났습니다. 그 아이들을 보며 저 자신을 돌이켜 보게 되었습니다. 남은 대학 생활의 방향성을 재설정하는 계기가 되었고, 덕분에 결국 오늘 이 더이룸솔루션 영업 직무 면접 자리까지 오게 된 것 같습니다.

기억하세요!

누군가를 위해 자신을 희생하는 봉사 활동은 굉장히 의미 있는 활동이고, 기업들도 다양한 사회 공헌 활동을 많이 하고 있습니다. 그렇지만 신입사원을 채용하는 면접 상황만 놓고 본다면 자신을 희생하기만 한 시간은 직무 역량과는 관련이 없으므로 면접관에게 별다른 의미를 전달해 주지 못합니다. 봉사 활동도 다른 경험 질문과 마찬가지로 봉사 활동을 통해 배운 바가 무엇이며, 그것이 직무와 어떻게 관련이 있는지를 설명하는 것이 좋습니다. 단, 기업의 사회공헌 팀이나, 복지 재단, 공공 기관처럼 특별히 봉사 정신을 강조하는 단체에 지원하는 경우는 예외입니다.

④ 역량

나의 생각과 언어로
직무를 정의할 수 있어야 한다

#마케팅이란 #고객의소리 #니즈파악

면접관: 본인이 생각하는 마케팅이 어떤 것인지 설명해 보세요.

나활발: 마케팅은 매출을 증대하는 활동이라고 생각합니다. 아무리 창의성 있는 마케팅이어도 매출로 이어질 수 없다면 효율적이지 않은 마케팅이라고 생각합니다.

속마음이 궁금해요!

나활발: 마케팅은 결국 잘 파는 거 아냐? 회사는 성과가 중요하니까 매출에 대한 부분을 언급하자.

면접관: 영업 직무로 지원했으면서 마케팅 활동이 어떻게 매출로 이어지는지 생각해 보지도 않았고, 영업 직무를 어떻게 수행할지에 대한 방향성도 없어 보인다. 때로는 브랜드 이미지를 생각해서 손해

보는 마케팅을 할 때도 있는데, 이런 경우도 알고 있는지 모르겠군.

이렇게 답해요!

마케팅은 고객의 니즈를 충족시켜 주는 일이라고 생각합니다. 같은 휴대폰도 성향에 따라 통화/문자 등 단순한 기능만 사용하거나 어플리케이션/일정 관리 등 다양한 용도로 사용하기도 합니다. 동일한 물건도 고객의 니즈에 따라 차별적인 가치를 전달해야 고객의 구매 욕구를 자극할 수 있고, 브랜드 가치 제고로 이어질 수 있다고 생각합니다. 대외 활동을 하면서 운영진으로서 단체 회원들에게 만족스러운 포럼과 행사를 제공하기 위해 그들의 니즈를 분석하고 반영했던 경험이 영업 직무 수행에도 도움을 될 것이라고 생각합니다.

기억하세요!

마케팅의 사전적 정의는 '생산자가 상품이나 서비스를 소비자에게 유통시키는 것에 관련된 모든 체계적 경영 활동'인데, 이 질문은 마케팅의 사전적 의미를 묻는 것이 아니라 지원자가 이해하고 있는 마케팅을 물어보는 것입니다. 본래 마케팅의 정의를 본인의 언어로 재해석하여 말해야 하며, 또 그렇게 생각하는 논리적 근거가 있어야 합니다. 마지막으로 그에 뒷받침되는 경험을 언급하여 후속 질문을 이끌어 내는 것도 좋습니다. 어떤 직무든지 마찬가지입니다. 면접관이 직무의 정의를 묻는다면 결코 사전적 정의를 묻는 것이 아님을 유념하기 바랍니다.

경험을 이야기할 땐
직무 연관성 설명이 핵심이다

#해외인턴 #이제식상 #직무연관성이중요

면접관: 글로벌 인재란 무엇이라고 생각하고, 그러한 인재가 되기 위해 어떤 노력을 했나요?

나활발: 글로벌 인재는 글로벌 문화를 능숙하게 이해하고 있는 인재라고 생각합니다. 저는 해외 교환 학생 당시 각국의 대학생들과 교류하며 그들의 문화와 소통하고자 노력하였습니다. 입사 후에도 다양한 문화권의 사람들과 소통하며 영업 활동에 기여하겠습니다.

속마음이 궁금해요!

나활발: 전 세계 사람들과 잘 소통할 수 있으면 그것이 글로벌 인재 아닌가? 난 해외 경험이 많으니 그것만 어필하면 유리할 거야.

면접관: 글로벌 인재가 다양한 문화와 교류한다는 것에는 동의하지만, 너무 상투적인 답변이고 구체적인 경험이나 직무와 연관 지은 인사이트가 없어서 좋은 답변이라고 보기는 힘들군.

이렇게 답해요!

① 글로벌 인재는 나라나 문화에 제한을 두지 않는 사람이라고 생

각합니다. 글로벌 챌린저 프로그램을 통해 다섯 명의 대학생들과 오렌지텔레콤(Orange Telecom) 회사를 방문했던 적이 있습니다. 당시 오렌지텔레콤에서는 저희를 위해 회사 비전과 주요 BM 소개 등을 포함한 한 시간가량의 프리젠테이션과 IP TV, 3D TV 등을 체험할 수 있도록 배려해 주었습니다. 이렇게 과분한 대접을 받은 저희는 문득 이유가 궁금해졌고 그에 대한 오렌지텔레콤 직원의 대답이 인상 깊었습니다. '지금은 대학생이지만 언젠가는 오렌지텔레콤의 고객이나 직장 동료가 될 수 있다. 그래서 최고의 시간을 보낼 수 있도록 노력했다'라고 대답해 주었습니다. 이렇게 국경이나 문화에 제한을 두지 않고 항상 사업 기회를 모색하고 고객을 응대하는 태도가 글로벌 인재의 핵심 역량이라고 생각합니다.

② 글로벌 인재는 문화적인 차이를 이해하고 그것을 직무에 활용할 수 있는 사람이라고 생각합니다. 해외 교환 학생 당시, 무슬림 종교를 가진 사람들은 6월의 라마단 기간에 해가 떠 있는 시간 동안은 아무것도 먹지 않고 해가 지고 난 후에는 평소 먹던 음식보다는 초콜릿 등 당분을 보다 많이 섭취하는 것을 보았습니다. 그리고 라마단 마지막 주에는 축제 기간으로 소비가 더욱 활발해졌고 통화량도 늘었습니다. 이런 문화들을 사업에 따라 잘 활용한다면 충분한 영업 기회로 만들 수 있다고 생각합니다. 이처럼 저는 각 나라의 문화를 매출 증대의 기회로 삼아 성과를 창출하겠습니다.

기억하세요!

남자 취준생들에게 되도록 군 생활 이야기를 면접 때 하지 말라고 하는 이유는, 같은 경험을 한 사람들이 너무 많기 때문에 면접관에게 진부하게 들리기 때문입니다. 하지만 군 생활에서의 경험이라도 특별히 직무와 관련성이 있거나 지금 본인의 가치관에 결정적인 영향을 주었다면 면접 때 소개해도 괜찮습니다. 요즘은 교환 학생이나 해외 인턴도 그 자체로는 면접관의 하품을 부르는 식상한 소재입니다. 해외 경험을 통해 느낀 바가 분명해야 되고, 직무 연관성을 설명할 수 있어야만 면접관에게 의미를 줄 수 있습니다.

리더십 발휘에는
상세한 설명이 필요하다

#희생하는리더 #보여주는리더 #함께하는리더

면접관: 주도적으로 일을 해결했던 경험이 있다면 말해 보세요.

나활발: ○○공모전 참여 당시 1주일 기한을 앞두고 주제를 급하게 바꾸어야 했던 적이 있습니다. 팀원들 모두 주제를 바꾸어야 한다는 사실은 인지했지만, 기한 내에 제출을 하기 위해 기존 작성안대로 제출하기를 원했습니다. 하지만 저는 주제를 변경하지 않는다

면 만족할 만한 성과를 내지 못한다는 생각에 팀원들을 설득하였습니다. 그래서 팀원들이 모두 협업하여 무사히 공모전에 결과물을 제출하였고 최우수상을 수상하였습니다. 이러한 경험을 바탕으로 직무 수행 시 원만하게 팀원들과 협업하여 성과를 달성하겠습니다.

속마음이 궁금해요!

나활발: 어려운 목표를 달성하기 위해 팀원들과 협력했던 경험은 리더십이 있어 보여 가산점을 받을 수 있을 거야.

면접관: 어떻게 팀원들의 협업을 이끌어 내었는지 구체적 설명이 없어서 답변에 신뢰가 가지 않네. 리더십도 여러 유형이 있어서 지원자가 어떤 유형인지 알고 싶은데 이 답변으론 알기 어렵구나.

이렇게 답해요!

○○공모전 참여 당시 1주일 기한을 앞두고 주제를 급하게 바꾸어야 했던 적이 있습니다. 팀원들 모두 주제를 바꾸어야 한다는 사실은 인지했지만, 기한 내에 제출을 하기 위해 기존 작성안대로 제출하기를 원했습니다. 하지만 저는 주제를 변경하지 않는다면 만족할 만한 성과를 내지 못한다는 생각에 팀원들을 설득할 방법을 생각했습니다. 단순히 할 수 있다고 설득하기보다는 일단 하루 동안 혼자 작업하여 제안서의 기본 토대와 서론 부분을 완성하였습니다. 그래서 팀원들이 각자 제안서 분량을 분배하여 작성한다면 기한 내에 완료

할 수 있다는 논리로 설득하여 팀원들이 모두 같이 협업할 수 있도록 협조를 구하였습니다. 그 결과 무사히 공모전에 제출하였을 뿐만 아니라 독특한 주제로 선정되어 최우수상을 수상하였습니다. 이처럼 목표를 달성하기 위해 막연히 강요하기보다는 실현 가능성을 보여 주며 협업했던 경험을 바탕으로 직무 수행 시 원만하게 팀원들과 협업하여 성과를 달성하겠습니다.

기억하세요!

리더십 역량을 알기 위한 질문입니다. 위기가 발생했거나 과중한 목표가 주어졌을 때 리더십을 발휘하여 동료들의 협업을 이끌어 냄으로써 어떤 성과를 내었다는 식으로 답변을 하는 것이 일반적입니다. 그런데 면접관에게 좋은 인상을 주려면 동료들의 협업을 이끌어 내는 과정에서 리더십 발휘 방법을 자세히 설명하는 것이 중요합니다. 자세한 설명이 생략되면 막연하게 목표 달성을 동료에게 강요한 것처럼 비춰져 버리는데 이는 좋은 리더십이 아니기 때문입니다. 그러므로 동료들의 협력을 이끌어 낸 세부적 과정을 자세히 설명하여 본인이 위기 상황에서 어떻게 동료들의 협력을 이끌어 낼 수 있는지 면접관에게 알려주기 바랍니다.

내가 올바른 리더가 되어야 한다

#이상적인리더 #명확한업무지시 #부드러운말투

면접관: 지원자가 생각하기에 좋은 상사는 어떤 사람인가요?

나활발: 직원들과 잘 소통하고 리더십 있는 상사가 좋은 상사라고 생각합니다. 동아리 운영진을 하면서 리더가 각 팀원들을 잘 파악하고 소통하는 것이 중요하다는 것을 깨달았습니다.

속마음이 궁금해요!

나활발: 리더는 무조건 팀원들과 친하게 지내야지. 그래야 단합도 잘 되고 업무 성과도 좋아질 거야.

면접관: 맞는 말이지만, 자신의 선호도에만 치중한 답변이네. 리더에 대한 진지한 고민이 부재해 보이고, 자신도 리더로 성장할 것이라는 생각을 못 해 본 것 같다.

이렇게 답해요!

직원들에게 명확한 목표를 제시하여 한 방향으로 팀을 이끌 수 있는 상사가 좋은 상사라고 생각합니다. 동아리 운영진을 하면서 올바른 목표 설정이 팀원 간 소통을 이끌어 내고 시너지를 형성하면서 성과로 이어지는 것을 많이 보았습니다. 저 또한 입사 이후에 조직의 목표를 내재화하여 조직과 한 방향으로 움직이고, 또 장기적으로는 조직을 하나의 목표를 향해 이끌어갈 수 있는 리더가 되겠습니다.

기억하세요!

자신이 원하는 리더를 말하기보다는 조직에 바람직한 리더상이 무엇이며, 본인은 어떻게 리더로 성장할 것인지를 답변하는 것이 좋습니다. 예비 신입사원이기 때문에 자칫 신입사원의 입장만 감정이입한 답변을 하기 쉽습니다. 하지만 이 질문은 신입사원에게 좋은 리더를 물어보는 것이 아니라, 지원자 본인이 생각하는 바람직한 리더상을 물어보는 질문입니다. 신입사원도 결국 자신이 그리던 리더의 모습으로 성장할 가능성이 높기 때문입니다.

할 수 있다는 대답은
누구나 할 수 있다

#24시간도괜찮아 #월급의노예 #체력이헐크

면접관: 야근을 자주 해도 괜찮은가요?

나활발: 지금까지 조깅, 등산 등으로 꾸준히 체력 관리를 해 왔기

때문에 야근을 자주 해도 괜찮습니다.

속마음이 궁금해요!

나활발: 면접에서 야근할 수 있냐고 물어봤을 때 안 한다고 할 사람이 있나? 나중에 못 한다고 하더라도 당연히 할 수 있다고 해야지.

면접관: 예상한 답변이네. 답변이 참신하지도 않고 야근할 수 있다는 것도 단순히 대답한 것 같아서 신뢰가 가지 않는군.

이렇게 답해요!

대외 활동을 하면서 친목 모임 자리도 많이 가지지만 행사 등을 준비하기 위한 밤샘 회의나 작업도 적지 않게 했습니다. 또한 특별한 보상 없이 학교의 과제와 각종 시험 준비 등을 병행했기 때문에 자연스레 일부 운영진들은 체력적으로 부담으로 느끼고 힘들어 하는 경우가 많았습니다. 하지만 저는 꾸준한 체력 관리를 통해 기초 체력을 확보하고 있었기 때문에 체력적으로 부담감은 없었고, 그런 힘든 과정을 견딜 수 있는 것은 지속적인 동기 부여라고 생각했습니다. 저는 향후 이런 경험들이 영업 직무에 필요한 커뮤니케이션 역량 개발에 도움이 될 것이라는 확신이 있었기 때문에, 그 과정을 즐기고 큰 부담 없이 극복할 수 있었습니다. 회사에서도 마찬가지로 업무를 완료해야 하는 일정이 있으므로 충분한 동기 부여를 가지고 필요할 경우 야근에 대해 큰 거부감 없이 근무할 수 있습니다.

기억하세요!

단순한 질문에도 근거를 가지고 말해야 합니다. 체력 관리를 통해 야근을 할 수 있다는 답변은 큰 신뢰감이 가지 않고 식상하기 때문에 우수한 답변은 아닙니다. 체력적으로 부담되었지만 끝까지 해냈던 경험을 근거로 들어주면 훨씬 신뢰가 가는 답변이 될 수 있습니다. 또 힘든 과정을 견딜 수 있는 자신만의 노하우를 언급하고, 여기에 더해 본인의 각오까지 말한다면 더할 나위 없는 답변이 될 것입니다.

동료도 내가
만족시켜야 하는 고객이다

#유연한대화법 #원만한협업 #나쁜사람은없어

면접관: 커뮤니케이션 능력을 발휘하여 갈등을 해소하였거나 성과를 냈던 적이 있다면 말해 보세요.

나활발: 라오스에서 해외 봉사 프로그램에 참가하기 위해 20명의 팀원들과 한 달간의 프로그램을 준비했던 적이 있습니다. 영어, 태권도, 레크리에이션 등으로 브레인스토밍을 통해 아이디어를 모으고 팀원들이 바쁘게 준비하는 과정에서 항상 반대 의견을 제시하며 갈등을 일으키는 팀원이 있었습니다. 그 팀원을 배제하고 준비를 진

행하자는 의견이 다수였지만, 어떤 팀원도 제외하고 진행할 수는 없었습니다. 그래서 조금 더 부드럽게 말해 달라는 부탁과 함께 회의당 한 건의 이슈만 제기하는 것으로 제한하여 팀원들 간 갈등을 최소화하고자 노력하였습니다. 그 결과 해외 봉사 프로그램을 성공적으로 완료할 수 있었습니다.

속마음이 궁금해요!

나활발: 협조적이지 않거나 갈등을 만들어 내는 사람들도 버리지 않고 설득해서 같이 이끌어 나가는 점이 좋게 보일 수 있어. 나는 팀원 모두를 원만하게 이끌어 나갈 역량이 된다는 것을 최대한 어필하자.

면접관: 아이디어의 단점을 찾아내는 것이 항상 갈등만을 유발하는 것은 아닌데 잘못 알고 있군. 팀원들 간의 갈등을 해결해 나가는 과정에서 일부 팀원들의 역량을 충분히 활용하지 못한 부분이 조금 아쉽군.

이렇게 답해요!

라오스에서 해외 봉사 프로그램에 참가하기 위해 20명의 팀원들과 한 달간의 프로그램을 준비했던 적이 있습니다. 영어, 태권도, 레크리에이션 등으로 브레인스토밍을 통해 아이디어를 모으고 팀원들이 바쁘게 준비하는 과정에서 항상 반대 의견을 제시하며 갈등을 일으키는 팀원이 있었습니다. 결국 다른 팀원들이 같이 협업하기를 꺼리게 되었고 팀이 와해되는 사태까지 발생하였습니다. 저는 발상의 전환으로 그 팀원을 갈등의 원인으로 보지 않고 만족시켜야 하는 고객으로 생각하였습니다. 그 팀원의 반대 의견을 보완할 때마다 프로그램의 완결성은 높아졌습니다. 그 결과 해외 봉사 우수 사례로 선정되어 라오스 학교로부터 감사패도 받게 되었습니다. 이 경험을 통해 다양한 의견을 반영할 때 더 좋은 결과물이 나온다는 것을 배우게 되었습니다. 앞으로도 생각이 다른 동료가 있다고 하여 그 동료의 의견을 배제하기보다는 어떻게 하면 건설적인 방향에서 반대되는 의견을 반영할 수 있을까를 먼저 고민하도록 하겠습니다.

기억하세요!

사내에서도 다양한 성격과 가치관을 지닌 직원들이 함께 일을 하다 보니 갈등 상황이 필연적으로 발생할 수밖에 없습니다. 그런데 갈등이 있다고 하여 특정 직원의 업무 의지를 제한하는 것은 좋은 커뮤니케이션 방식이 아닙니다. 외부 고객만 고객이 아닙니다. 내부 직원인 동료들도 만족시키는 커뮤니케이션을 통해서만 협업이 시너지를 발휘할 수 있습니다 각자가 일하는 것보다 팀원들 간의 협업으로 시너지가 발휘될 수 있도록 유연하게 이끌어 나가는 것이 사내 커뮤니케이션의 핵심이라고 할 수 있습니다.

다른 지원자와
비교하지 말자

#비교는무의미 #YESNO답변불가 #그래도날뽑아줘

면접관: 자, 면접을 다 보셨는데 본인이 최종 합격할 것 같나요?

나활발: 아직 잘 모르겠습니다. 저보다 스펙이 좋은 지원자들이 많아 확신하기는 어렵지만, 기회를 주신다면 반드시 성과를 내겠습니다.

속마음이 궁금해요!

나활발: 최대한 겸손하게 말해야 되겠지? 실제로 스펙이 높은 사람들이 너무 많아서 점수로는 내가 한참 떨어진다. 이걸 극복할 수 있을까?

면접관: 본인에 대한 확신이 없군. 그래도 영업 직무에서는 확신을 가지고 밀어붙이는 모습이 도움이 될 수 있는데 결정적인 순간에는 자신감을 잃어버리는 스타일이네.

이렇게 답해요!

합격할 수 있다고 생각합니다. 다른 지원자들보다 더 뛰어나다고 말씀드리는 것이 아닙니다. 제가 가진 역량이 영업 직무에 충분히 도움이 될 수 있고 성과를 창출할 수 있다고 확신하기 때문입니다. 20여 가지의 대외 활동을 거치면서 다른 사람들과 활발히 소통하는 커뮤니케이션 경험이 고객의 니즈 파악과 충성 고객 확보에 도움이 될 것입니다. 또한 동아리 운영진으로서 회원들을 이끌고 같이 포럼 등 행사를 만들어 결실을 맺었던 경험은 타 부서와 원활한 협업을 이끌어 내는 데에 도움이 될 것입니다. 이처럼 저에게는 영업에 필요한 핵심 역량이 있고 잘 활용할 자신이 있습니다. 기회가 주어진다면 반드시 성과로서 보답드리겠습니다.

기억하세요!

이 질문은 다른 사람보다 부족하다거나 뛰어나다거나 하는 등 비교를 하면 면접관의 함정에 빠지게 됩니다. 스펙이 뛰어나다고 하면 더 스펙이 뛰어난 지원자를 지목하거나 스펙이 직무에 도움이 되는지를 물어보는 질문으로 이어지니, 다른 지원자와 비교하지 말고 자신의 역량과 직무와의 연관성을 논리적으로 풀어 나가는 것에 집중해야 합니다. 면접관이 다른 지원자와 비교하더라도 감정적으로 대응하지 말고, 자신의 역량으로 어떻게 회사에 기여할지에만 포인트를 맞추어 답변하는 것이 면접관의 함정을 피하는 기술입니다.

[부록 4-1]
답답한 건 참지 못하는 나활발 씨를 위한 면접 솔루션

전공에 흥미를 느끼지 못하여 학점이 좋지는 못하지만 대신 다양한 경험들로 무장한 나활발 씨. 화려한 언변을 자신하며 면접만 간다면 바로 합격할 수 있다고 생각했지만 웬일인지 자꾸 떨어지기만 합니다. 역시 학점이 낮아서일까요. 학점이 낮은 건 이미 어찌할 수 없는 아킬레스건입니다 학점에 낮은 데도 면접 기회가 주어졌다는 건 그럼에도 불구하고 지원자에게 확인하고 싶은 바가 있다는 것인데요. 바로 지원자의 경험이 지원한 직무의 역량과 관련이 있을지 보기 위함입니다. 그럼 어떻게 해야 경험과 역량을 연결할 수 있을까요?

1. STAR + R을 활용한다

앞서 STAR 답변이 경험을 설명하기에 가장 적절한 답변 구조라고 설명한 적이 있습니다. STAR를 통해서 경험을 설명할 순 있지만, 그 경험과 지원한 직무와의 관계에 대해선 조금 더 보충 설명이 필요합니다. 이 보충 설명을 R(Relation, 관계)로 이름 붙여 보았습니다. 나활발 씨 답변으로 설명해 보겠습니다.

(Situation, Task) 라오스에서 해외봉사 프로그램에 참가하기 위해 20명의 팀원들과 한 달간의 프로그램을 준비했던 적이 있습니다. 영어, 태권도, 레크리에이션 등으로 브레인스토밍을 통해 아이디어를

모으고 팀원들이 바쁘게 준비하는 과정에서 항상 반대 의견을 제시하며 갈등을 일으키는 팀원이 있었습니다. 결국 다른 팀원들이 같이 협업하기를 꺼리게 되었고 팀이 와해되는 사태까지 발생하였습니다.

(Action) 저는 발상의 전환으로 그 팀원을 갈등의 원인으로 보지 않고 만족시켜야 하는 고객으로 생각하였습니다. 그 팀원이 낸 반대 의견을 고객의 VOC로 생각하고 보완할 때마다 프로그램의 완결성은 높아졌습니다.

(Result) 그 결과 해외 봉사 우수 사례로 선정되어 라오스 학교로부터 감사패도 받게 되었습니다.

(Relation) 이 경험을 통해 다양한 의견을 반영할 때 더 좋은 결과물이 나온다는 것을 배우게 되었습니다. 앞으로도 생각이 다른 동료가 있다고 하여 그 동료의 의견을 배제하기보다는 어떻게 하면 건설적인 방향에서 반대되는 의견을 반영할 수 있을까를 먼저 고민하도록 하겠습니다.

2. 설명할 수 있는 경험만 의미 있는 경험이다

나활발 씨가 했던 잘못된 답변의 예를 다시 한 번 보겠습니다. 다음 대답은 경험과 직무의 연관성을 구체적으로 설명하고 있지 못합니다.

"글로벌 인재는 글로벌 문화를 능숙하게 이해하고 있는 인재라고 생각합니다. 저는 해외 교환 학생 당시 다양한 나라의 대학생들과 교류하여 문화를 소통하고자 노력하였습니다. 입사 후에도 다양한 문화권의 사람들과 소통하며 영업 활동에 기여하겠습니다."

대학생들로부터 많이 받는 질문 유형이 있습니다. 예를 들면 컴퓨터활용기사를 취득하면 좋나요? 해외 교환 학생을 다녀오면 취업에 도움이 되나요? 이런 질문들이죠.

이와 같은 질문들을 하는 이유는 자격증이나 경험 하나가 그 자체로 취업에 직접적인 영향을 줄 것이라 오해해서입니다. 그렇지만 경험 자체를 역량으로 인정받을 수 있는 것은 회계사, 세무사, 노무사 등 전문직 자격증 취득밖에 없습니다. 그 외의 모든 경험과 스펙들은 그 구체적 과정을 통해 직무 연관성을 스스로 설명할 수 있어야만 의미 있는 경험이 될 수 있습니다. 해외 교환 학생을 다녀온 것이 중요한 것이 아니라 해외 교환 학생을 통해 무엇을 느끼고 배웠으며, 또 그것이 지원한 직무와 어떤 관련이 있는지 설명할 수 있어야 한다는 것입니다.

면접 2주 전

[부록 4-2]
면접장에서 만나게 될 인물 소개

면접이라고 하면 나이 지긋한 임원급의 면접관만 생각하지만 실제 면접에 가게 되면, 면접 유형별로 면접관의 직급이나 나이, 직책이 다르고 또 면접관 말고도 인사 실무자도 만나게 됩니다. 여기서는 어떤 상황에서 누구를 만나게 되는지, 그리고 어떻게 그들을 상대해야 되는지를 소개하려고 합니다.

1. 면접 대기실의 인사 담당자

지원자가 문자 또는 이메일로 안내받은 장소에 도착하게 되면 20~30대의 젊은 인사 담당자들을 만나게 됩니다. 이 중엔 채용 과정의 전반을 총 관리하고 있는 채용 담당자도 있고, 그리고 채용이 아닌 다른 인사 업무를 담당하고 있지만 면접을 도와주기 위해 지원 온 인사 담당자도 있습니다. 물론 이들이 지원자를 직접 면접 보지는 않습니다. 그렇지만 이들도 면접관과 똑같다고 생각하고 대하는 것이 좋습니다. 이들은 대기실에서 지원자들의 태도를 계속 관찰하고 있으며, 그 관찰 결과가 실제 면접 결과에 영향을 줄 때도 있습니다. 면접관들이 바로 이 실무자들의 의견을 참고하기 때문이죠. 또 면접장에서 직접 물어보기 곤란한 질문을 이 실무자들을 통해 대신 하기도 합니다. 그렇기 때문에 대기실에서 실무자에게 편하게 받은 질문이라고 하더라도 진지하게 답변하기 바랍니다.

2. 복도에서 만나는 인사 담당자

본인의 차례가 되어 면접 대기실을 나서면 앞 면접 조의 면접이 끝났는지를 확인하고 다음 조를 입장시키는 인사 담당자를 만납니다. 앞서 소개한 면접 대기실의 인사 담당자와 동일하게 생각하면 됩니다. 그리고 혹시 여러 명이 함께 면접을 보게 된다면 누가 먼저 입장을 하며 면접관에게 어떻게 인사를 하면 되는지 가이드를 줄 것입니다. 혹시 이 담당자가 가이드를 주지 않는다면 꼭 물어보기 바랍니다. 사전에 합의가 이루어지지 않고 여러 명이 입장하게 되면 우왕좌왕하게 될 수 있기 때문입니다.

3. 1차 면접(실무 면접, 전공 면접, PT 면접) 면접관

1차 면접에선 보통 팀장 이하의 간부급이 면접을 보게 됩니다. 전공 면접이나 PT 면접의 경우 지원한 직무에서 근무 중인 실무자급의 젊은 면접관이 들어오기도 합니다. 실무 면접이기 때문에 실무 역량을 중점적으로 보는 단계이기는 하지만 인성도 부가적으로 평가에 반영하기도 합니다. 전공 면접을 하다가 인성 면접으로 자연스럽게 전환되는 경우도 많습니다.

4. 최종 면접 면접관

지원한 회사의 임원급이 최종 면접을 보게 됩니다. 업종별, 규모별로 차이는 있지만 임원급은 대개 지원자들의 부모님 세대 정도로 생각하면 됩니다. 이 단계에서 가장 중요한 것은 인성입니다. 실무 역량은 서류와 1차 면접 단계에서 어느 정도 검증이 되었다고 보고 인성만으로 최종 판단을 하는 것입니다. 그러면 어떤 인성이 면접에 합격하는 인성일까요. 바로 회사의 인재상과 부합하는 인성입니다. 인재상이라는 것이 너무 추상적으로 들릴 것 같습니다. 그런데 면접관들은 지원자들의 답변을 통해 이 지원자가 회사에서 일을 하는 모습을 상상합니다. 면접관의 상상 속에서 일을 잘하고, 계속 성장하여 훗날 회사를 이끌어 가는 지원자의 모습이 그려진다면 인재상에 부합한 것입니다. 회사의 인재상이란 홈페이지에 걸린 표어와 같을 수도 있고 다를 수도 있지만 분명한 건 임원의 머릿속에는 있습니다. 명심하십시오. 모든 기준은 면접관입니다.

김장수

　신입사원 면접에서 면접관은 지원자의 현재 역량을 기준으로만 당락을 결정하지 않습니다. 신입사원은 기업에게 다듬어지지 않은 원석과 같습니다. 원석을 그저 돌의 가치로만 평가하는 멍청한 사람은 없을 것입니다. 그 원석이 보석이 되었을 때의 미래 가치를 제조비를 제외하고 현재 가치로 할인하여 평가하겠죠. 면접도 마찬가지입니다. 면접관은 원석 상태라고 할 수 있는 지원자가 다년간 일을 하고, 또 다양한 사내 교육을 이수하고 나서 완성된 지원자의 모습을 상상해 봅니다. 면접관의 머릿속에 일을 잘하고 있는 지원자의 모습이 그려진다면 면접에 합격하게 될 것입니다.

　그런데 많은 지원자들은 자신이 원석임을 부끄러워합니다. 완성되지 못한 것이 약점인 줄 압니다. 그래서 학점이나 영어 성적이 왜 안 좋으냐고 물어보면 죄송하고 답하고, 남들이 하지 않은 특별한 경험이 없는지 물어보면 아르바이트 하느라 바빴다는 등 핑계를 대기 바쁩니다. 그런데 그럴 필요 없습니다. 여러분은 이미 원석으로서의 가치를 인정을 받아서 면접 기회를 받은 것이기 때문입니다. 면접장에서 여러분이 해야 할 일은 나를 원석으로 본 당신(회사)의 안목이 틀리지 않았음을 증명하는 일이지, 이미 다이아몬드인 것처럼 거짓을 꾸며대는 일이 아닙니다.

　그래서 본 책에서 스스로를 다이아몬드인 것처럼 속이려는 답변을 하지 말 것을 여러 차례 당부드린 바 있습니다. 마지막으로 정리하자면, 첫째, 거짓말을 해서는 안 됩니다. 거짓말만큼 본인의 가치를 훼손하는 말은 없으며 또 면접관이 모를 리가 없습니다. 둘째, 근거 없는 각오를 말하지 마십시오. 내가 다이아몬드라고 주장하지 말고 다이아몬드 원석임을 과거 경험으로 증명해 주십시오. 셋째, 여러분의 언어로 여러분의 경험을 말해야 합니다. 저희가 이 책에서 추천드린 답변은 어디까지나 참고만 하시고 진짜 답은 여러분이 직접 하셔야 합니다. 그래야만 면접관의 마음을 움직일 수 있습니다. 이는 이 책뿐만 아니라 그 누구도 대신해 줄 수 없는 일입니다.

　이 책을 통해 면접장에서 자신의 가치를 훼손할 수 있는 말이 어떤 것인지, 또 스스로의 가치를 증명하기 위해선 어떤 방식으로 답변을 해야 하는지만 감을 잡으셨다면 이 책의 소명은 다했다고 생각합니다. 부디 면접장에서 여러분의 가치를 온전히 평가받으셔서 꿈에 그리던 일을 하게 되시기를 소망합니다.

서영우

　면접은 왜 어려운 걸까요? 우리나라 취업 준비생들은 면접을 보기 전 면접 스터디를 하고 기업이 진행하고 있는 최근 사업과 인재상을 조사합니다. 물론 필요한 과정입니다. 하지만 그것만으로는 면접에서 어떤 질문이 나올지 예측하기 어려울 뿐더러 대부분의 지원자들이 준비한 과정이 비슷하기에 면접에서 두각을 나타내기 어렵습니다. 면접은 면접관이 질문을 하고 면접 지원자가 답변을 하는 방식입니다. 그것은 바꿀 수 없습니다. 하지만 면접관의 질문을 유도할 수는 있습니다. 그것이 면접을 편하게 준비하고 합격에 한 걸음 앞서 다가갈 수 있는 방법입니다.

　먼저 자기소개서에 특이한 스펙이나 대외 활동 등을 충분히 언급해야 합니다. 그것이 어렵다면 1분 자기소개나 다른 질문에 간략하게 언급하여 면접관의 흥미를 끌어야 합니다. 가령, 저는 공대생이었지만 해외 인턴 경력이 있어 면접에서 해외 인턴 관련 질문을 가장 많이 받았습니다. 지금은 해외 인턴이 대단한 경험은 아니지만 2012년도 당시에는 특이한 경험으로 인식되었기에 어느 정도 운도 작용했던 것 같습니다. 여하튼 자기소개에 해외 인턴을 언급할 때마다 면접관의 관심을 받았고 그 순간 질문은 해외 인턴을 지원한 동기나 인턴 생활 중 경험을 물어보는 것으로 압축되었습니다. 무슨 질문을 할지 알고 있으니 편하게 답변할 수 밖에 없고 결과도 좋았습니다.

하지만 대학생활에서 특이할 만한 경험이나 경력을 위해 도전을 시도하는 것이 쉬운 것은 아닙니다. 또한 한국 교육 시스템 특성상 대부분의 대학생들은 일괄적인 교육을 이수하게 되고 대외 활동도 비슷할 수밖에 없습니다. 이런 경우는 서류 지원을 하는 회사를 늘리는 것이 합격률을 높이는 방법입니다.

강연을 할 때 보통 몇 개의 회사를 지원해야 하는지 질문을 많이 받습니다. 저의 답변은 시간이 허락하는 한 최대한 많은 기업을 지원하라는 것입니다. 30대 그룹을 포함한 대기업은 물론이고 취업카페에 공고가 올라오는 탄탄한 중견 기업까지 포함해서 30~50개 이상의 기업은 지원해야 합니다. 단순하지만 자신에게 뚜렷한 스펙이나 경력이 없다면 최대한 많은 회사를 지원해서 면접의 기회를 늘리는 것이 취업에 성공하는 방법입니다.

요즘은 자기소개서의 질문 종류가 많아지고 분량도 많아서 서류 지원이 쉽지 않은 것은 충분히 공감합니다. 면접의 종류도 Business Case, PT, 토론 등 다양해서 준비하는 과정이 점점 더 어려워지고 있습니다. 하지만 서류 지원을 하지 않으면 면접을 볼 기회도, 취업에 성공할 기회도 없습니다. 지금 당장은 힘들지라도 꾸준히 자신의 기회를 만들어 가시길 바랍니다.

면접에 합격하는 방법은 다양합니다. 스펙이 좋았거나 질문에 답변을 잘했다거나 심지어 성격이 일하기 좋아 보여서 등 합격 이유가 공개되지 않기 때문에 면접 지원자가 알기도 어렵습니다. 하지만 그런 자신의 강점들을 어필할 답변도 그 답변을 할 수 있는 면접 기회도 면접 지원자가 선택하고 만드는 것입니다. 어려운 상황이지만 최대한 많은 기회를 만들어 자신의 강점은 어필하고 약점은 보완하여 꼭 취업에 성공하시기를 바랍니다.

어려운 상황에도 노력하는 대한민국 취업 준비생들을 응원합니다. 감사합니다.

면접 2주 전